Poética e Estruturalismo em Israel

Coleção ELOS
Dirigida por J. Guinsburg

Equipe de realização — Tradução: J. Guinsburg; Revisão: Angelica Dogo Pretel e Vera Lúcia Bolognani; Programação visual: A. Lizárraga; Produção: Plinio Martins Filho.

Esta obra foi publicada sob os auspícios da Federação Israelita do Estado de São Paulo e do Centro de Estudos Judaicos da Faculdade de Filosofia, Letras e Ciências Humanas da Universidade de São Paulo.

Ziva Ben-Porat
e Benjamin Hrushovski
Poética e Estruturalismo em Israel

EDITORA PERSPECTIVA

Título do original em inglês
Structuralist Poetics in Israel

Copyright © Department of Poetics and Comparative
Literature, Tel Aviv University 1974

Direitos em língua portuguesa reservados à
EDITORA PERSPECTIVA S.A.
Av. Brigadeiro Luís Antônio, 3025
01401 — São Paulo — Brasil
Telefone: 288-8388
1978

SUMÁRIO

    Apresentação 9
1. Introdução 11
2. Prosa 41
3. Poesia 57
4. Drama 69
5. Folclore 71
6. Estilística 75
7. Prosódia 89
8. Teoria do Texto Literário 95
9. Poética Histórica 99
10. Teoria e Metodologia 103
    Referências 105

APRESENTAÇÃO

O presente ensaio, publicado em 1974 sob a chancela do Departamento de Poética e Literatura Comparada da Universidade de Tel Aviv, constitui um levantamento panorâmico dos estudos de poética estrutural que vêm sendo levados a efeito em Israel nos últimos anos, mostrando suas vinculações com a hermenêutica tradicional da exegese bíblica e com certos aspectos mais recentes do passado crítico-literário hebraico.

O leitor brasileiro, afortunadamente, já conta, para o discernimento desse pano de fundo, com o precioso *Guia Histórico da Literatura Hebraica,* de J. Guinsburg, editado nesta mesma coleção ELOS. O ensaio de Ziva Ben-Porat e Benjamin Hrushovski, ora apresentado em tradução para a nossa língua, articula-se harmoniosamente com o traçado diacrônico providenciado entre nós, por antecipação, pelo referido *Guia,* retomando-o coincidentemente em alguns pontos (entre esses tópicos, por exemplo, estão a poética da "desconexão" de Tchernikhovski e o contributo crítico de Dov Sadan e Lea Goldberg). Por seu turno — e é este o seu objetivo principal —, projeta-se na imediatada atualidade, através do recenseamento e da análise das produções da literatura crítica israelense dos anos 50 e 60 em diante, já progressiva e caracterizadamente encaminhadas no sentido de uma poética estrutural.

Embora sucinto nas suas abordagens e descrições, pela própria natureza panorâmica de que se reveste, o ensaio de Ben-Porat e Hrushovski oferece uma informativa e segura visão de conjunto quanto aos rumos dos estudos críticos de orientação estrutural e semiótica em Israel, nos últimos tempos, transcendendo o marco de um mero elenco bibliográfico, como o elaborado por Channa Kaufman no n.º 8/9, 1974, da revista *Versus — Quaderni di studi semiotici,* (editada pela Bompiani sob a direção de Umberto Eco), para se constituir numa excelente fonte de indicações e subsídios nos campos da teoria do texto, da narratologia e da poética em geral.

Haroldo de Campos

São Paulo, 1978.

1. INTRODUÇÃO

As tendências estruturalistas tornaram-se fortes em Israel sobretudo na Lingüística e na Poética. Por motivos explicados abaixo, dedicaremos a este último campo o apanhado que nos propomos aqui fazer.

Desde os meados dos anos 50 até o início da década 60, começou a desenvolver-se em Israel uma nova tendência no estudo da Literatura. Sua principal preocupação veio a ser a Teoria da Literatura e a Poética, com forte ênfase na combinação da análise estrutural com as interpretações de textos individuais. Uma escola israelense de Poética, com uma estrutura filosófica consistente, desenvolveu um corpo de teoria e pesquisa. O nome de "neo-estruturalismo" indicava um liame com a tradição do Formalismo russo, especialmente nos termos em que foi reformulado pelos princípios do Estruturalismo tcheco. Entretanto, fizeram-se sentir nessa reformulação da teoria do objeto estético literário influências da Fenomenologia e do *New Criticism* anglo-americano, bem como das teorias alemãs da literatura. Mais tarde, as afinidades com o emergente Estruturalismo europeu tornaram-se evidentes. Na concepção da escola israelense uma fenomenologia do objeto estético precede o uso de métodos estruturais e a análise lingüística do texto subordina-se aos problemas específicos da literatura.

O termo Estruturalismo deve ser tomado aqui na mais ampla acepção possível, isto é, não no sentido de técnica exclusiva, mas no de direção geral. Indica tanto o interesse por formas e estruturas quanto o emprego de métodos estruturais na análise de problemas tradicionais da crítica literária, tais como tema, significado, história literária, etc. A característica dessa abordagem é a passagem de uma poética localizada na "linguagem da poesia" para uma abrangente teoria "unificada" do texto literário. Nos últimos anos, em conjunção com desenvolvimentos havidos em outros países, o horizonte foi ampliado no sentido de uma teoria dos textos em geral e de uma teoria do processo da integração semântica no entendimento da linguagem.

Os métodos de muitos estudos israelenses sugerem a convicção de que a tarefa de determinar e descrever as complexidades dos fenômenos literários deve preceder à da formulação de uma pura teoria sistemática. Portanto, embora a meta da maioria dos estudos fosse teórica, os enunciados teóricos brotaram de trabalhos no campo da Poética Descritiva. Outra tendência, contudo, esforçou-se por chegar à teoria rigorosa, com orientação lingüística. A maioria dos escritos da escola israelense de Poética é em hebraico e muitos se baseiam em textos hebraicos. Devido à barreira da língua, sentimo-nos obrigados a expor em pormenor vários estudos típicos, na esperança de tornar seu entendimento tão independente quanto possível do conhecimento da literatura hebraica. Uma tentativa de apresentar um corpo único e unificado de teoria não se justificaria a essa altura e certamente obliteraria as diferenças de abordagem e método entre os vários estudiosos. Uma breve resenha da Lingüística e da história da crítica literária em Israel nos parece indispensável como plano de fundo para o nosso principal tópico.

O ESTUDO DA LINGUAGEM EM ISRAEL

Os estudiosos israelenses nas várias disciplinas publicavam profusamente no exterior e, após a Segunda Guerra Mundial, em particular, podiam ser considerados como parte integrante do movimento científico geral. De outro lado, as pesquisas de língua e literatura estavam intimamente ligadas ao idioma hebreu e ao renascimento cultural, desenvolvendo assim considerável corpo de investigações em hebraico, paralelamente ao trabalho feito em história judaica, arqueologia e pesquisa bíblica.

Devido à singular situação decorrente da revivescência do hebreu como língua falada, os principais esforços dos estudiosos voltavam-se para a filologia diacrônica e para os estudos de velhos textos hebreus normativos, de vários períodos. O estudo do hebreu israelense contemporâneo e dos processos de mudança eram tidos quase como tabu, como evidenciou o tumulto provocado pelo livro de H. Rosen, *Nosso Hebraico,* em 1956. O hebraico é uma língua eterna, era o argumento, e não se deve estudar a fala de imigrantes, mas antes corrigir seus "erros".

Não obstante, a partir dos anos 50 tem aparecido um número crescente de estudos na linha da lingüística estruturalista européia e nos últimos anos a gramática transformacional-gerativa tornou-se moda, também, sobretudo entre os alunos do Professor Y. Bar Hillel e o catedrático anterior de Lingüística em Tel Aviv, R. Lees. A revista *Leschoneinu,* agora editada pela recém-estabelecida Academia da Língua Hebraica, modificou seu subtítulo para "Publicação Trimestral para o Estudo da Língua Hebraica e Tópicos Relacionados". Dado o fato de estar em preparo um volume especial consagrado à Lingüística em Israel*, limitaremos o nosso apanhado aos novos progressos na Poética.

POÉTICA HEBRAICA TRADICIONAL

A interpretação rigorosa de textos, com referência a sutilezas de linguagem, significado contextual e traços formais, como a repetição, é uma velha e difusa tradição nos escritos hebreus, remontando à época da canonização da Bíblia. A lei, as lendas, os sermões e os textos místicos hebraicos, bem como a vasta tradição de exegese bíblica dependem ponderavelmente dessa técnica hermenêutica. Mesmo a literatura secular hebraica escrita no transcurso das eras não se torna entendível, se não se levar em conta suas alusões à Bíblia e a outros textos interpretados da tradição religiosa. De outro lado, não há vestígio de qualquer poética sistemática na Bíblia, no Talmud ou na poesia litúrgica hebréia. Os escritos tradicionais hebraicos não faziam distinção nítida entre funções historiográfica, religiosa e estética, e não dispunham tampouco de corpo teórico comparável às poéticas européia e grega.

À exceção de observações esparsas, a poética hebraica começou com o impacto da lingüística, poética e filosofia arábicas. O poeta, erudito e filósofo Saadia Gaon (882-942) compôs um dicionário de rimas hebraicas no décimo século. Dessas primeiras contribuições, a

* *As Correntes Tendências das Ciências da Linguagem em Israel.*

mais proeminente foi a de Moisés Ibn-Ezra, em dois tratados escritos em árabe (c. 1135) (v. a análise de Pagis, na p. 66). A poética medieval hebraica não pode comparar-se, em âmbito, originalidade e valor, à contribuição fundamental da lingüística hebraica clássica na Espanha e Provença. Não obstante, há uma tradição pertinaz de tratados de poética hebraica, que se estende da Idade Média até o século XIX. Originando-se em adaptações hebraicas da poética árabe, a referida tradição sentiu a influência de movimentos ulteriores, em particular a da Renascença italiana. A maioria dessas poéticas é de natureza derivativa e didática. Sob o influxo tanto da retórica arábica quanto da européia, tais tratados eram, antes de tudo, de ordem prescritiva. Muitas vezes ilustrados por exemplos e observações interessantes, consistem principalmente de catálogos de categorias, classificações de metros e artifícios poéticos.

CRÍTICA HEBRAICA MODERNA

Em sua fase européia, a literatura hebraica contava com certa tradição de crítica como parte do processo literário. A crítica como atividade independente surgiu no último terço do século XIX, graças ao impacto da crítica social positivista russa. No século XX, a crítica converteu-se numa grande força da literatura hebraica. Antes do estabelecimento do Estado de Israel, a literatura hebraica, primordialmente na Europa Central e Oriental, bem como na Palestina, serviu de uma espécie de país espiritual, substituindo por um corpo escritural, o corpo telúrico que seu povo carecia. A literatura foi a principal força cultural no renascimento nacional. Dada essa situação e a tradição crítica russa, é fácil entender por que a literatura se converteu em ferramenta da doutrinação nacional no sistema escolar israelense e por que a crítica estava interessada, em primeiro lugar, na literatura como veículo de ideologia. Uma influência ulterior nessa direção veio das preocupações alemãs com a *Geistesgeschichte,* tal como ela se reflete na ficção. "A crise de valores", "endemoninhado", "a perda de experiência religiosa", "tradição e revolução" tornaram-se termos-chave, a ponto de borrarem as individualidades dos principais escritores do século XX, hebreus e europeus, e de passarem por cima das tendências contraditórias, sobretudo na poesia moderna. A preocupação com a natureza da poesia e as feições literárias da escritura criativa foi expressa nos escritos dos próprios poetas (de Bialik e Tchernikhovski, através de Uri Tzvi Greenberg e Avraham Schlonski, até Natan Zach).

Durante a década de 30, os primórdios dos estudos literários acadêmicos israelenses foram influenciados pelo positivismo alemão do fim do século XIX, interessado primordialmente no plano de fundo, feito de biografia e história literária. Não existiam publicações periódicas dedicadas aos estudos literários ou à crítica. Os trabalhos sobre literatura hebraica do passado eram impressos, tipicamente, em revistas gerais de pesquisas de judaísmo. A crítica alcançava sua principal expressão nas páginas literárias da edição sabática dos jornais diários e sofria a influência dos interesses pela atualidade, do tom polêmico e do escopo limitado dessa imprensa. Na realidade, a maioria dos livros de crítica hebraica era constituída de coletâneas de artigos e ensaios. Em suas melhores realizações, os críticos produziram retratos iluminadores de personalidades literárias. Surgiram duas histórias da literatura hebraica no período moderno, mas nenhuma monografia sobre os principais escritores, com extensão de um livro, nem edições críticas de texto.

Em meio à tendência generalizada para um tipo de crítica não-acadêmica, em grande parte jornalística e de caráter ideológico alegorizante, pode-se, entretanto, discernir algumas contribuições importantes para a poética hebréia. A respeito da poesia judaica do medievo, desenvolvera-se uma tradição de estudos relativos à métrica e retórica que remontava à erudição judio-alemã do século XIX. Um livro proeminente nessa tradição foi *A Teoria da Poesia (Hebraica) Espanhola,* de D. Yelin. Outros subsídios ao campo vieram à luz por obra de alguns dos principais investigadores da literatura hebraica na Espanha, como H. Brody e J. Schirman. Tais trabalhos encerram tesouros de material fatual. Ainda assim, a maioria era de natureza taxionômica e quase inteiramente apoiada nas categorias arábicas tradicionais. As listas dos metros existentes incluíam dúzias, até centenas, de esquematismos, sem que houvesse qualquer tentativa de efetuar uma análise estrutural das normas prevalentes. Os eruditos discutiam sobre a identificação de uma "origem" árabe de um metro qualquer, em vez de fixar seu papel no sistema sincrônico hebreu. A mesma crítica se aplica aos pouquíssimos estudos de métrica hebréia moderna, como os que B. Ben-Schalom fez através da enumeração dos metros na poesia de Bialik(6).

Dov Sadan, uma figura destacada da crítica hebraica dos últimos cinqüenta anos, promoveu inúmeras investigações específicas sobre a linguagem da literatura hebraica e ídiche. A maior parte era consagrada aos empregos poéticos de vocábulos ou imagens singulares, ou a grupos de tais vocábulos. Sadan enfatizava as associações subconscientes na linguagem da criação poética, a riqueza de conotações possíveis que as palavras na poesia trazem da história da língua, suas alusões a outras línguas e aos textos clássicos, bem como a convencionalidade dos idiomatismos, expressões e *topoi*. Com uma não formulada teoria da linguagem poética, afim à de I. A. Richards, de um lado, e à de Curtius, de outro, e com uma técnica e conhecimentos que lembram alguns dos estudos de Leo Spitzer, embora não apresentasse qualquer influência européia reconhecível, exceto, talvez, a de Freud, Sadan usava seu enorme conhecimento no domínio das obras hebraicas de todos os períodos para extrair uma série de agudas observações acerca da linguagem da poesia, isentas de quaisquer preconcepções ideológicas. Seu esforço influiu em alguns dos intérpretes mais jovens da poesia. Harmonizava bem com as técnicas que os críticos mais jovens, nos anos 50 e 60, aprenderam do *New Criticism* anglo-americano. Na verdade, a primeira onda de reação contra a crítica ideológica (às vezes "fraseológica") firmada assumiu a forma de interpretação do "próprio poema".

No conjunto, a tradição crítica hebraica carecia de esforços conscientes a fim de criar uma teoria literária e não existia quase estudo sistemático dos elementos literários da literatura. Para a geração mais jovem no Estado de Israel, que desenvolveu forte interesse pela literatura moderna, não havia tampouco qualquer modelo de investigação acadêmica "antiquada".

TEORIA LITERÁRIA E INÍCIOS DO ESTRUTURALISMO

Após o estabelecimento do Estado de Israel e o fim da Guerra da Independência, surgiu em Israel um crescente interesse pela literatura como literatura. O poeta e crítico hebreu e alemão Ludwig Strauss, influenciado por críticos alemães, como Wolfgang Kayser e Emilio Staiger, procurou chamar a atenção para os tipos, gêneros e formas literárias. Lea Goldberg, uma poetisa requintada e crítica literária de orientação estética, que veio a ser a primeira catedrática do Departamento de Literatura Comparada da Universidade Hebraica, publicou um livro sobre o conto na tradição européia. A revista de breve existência, *Behinot* (11 números, 1952-56), editada pelo crítico e esteticista S. Zemach, devotou-se inteiramente à crítica e resenha literárias, imprimindo também traduções de representantes ingleses e americanos do *New Criticism*. Um deslocamento paralelo verificou-se na poesia hebraica. Surgiu forte reação contra o que se afigurava ser versificação vazia e "retórica", rumo a uma linguagem poética "precisa" e uma poesia do indivíduo, moldada nos termos de T. S. Eliot e do modernismo inglês.

Nessa atmosfera, o interesse pela linguagem da poesia brotou em alguns círculos à volta do que era então a única instituição acadêmica superior em Israel, a Universidade Hebraica de Jerusalém. Assim, no quadro da Lingüística, certos professores, especialmente da geração mais jovem (como D. Tene e U. Ornan), começaram a tratar do estilo e da semântica da literatura hebraica.

A poética de propensão lingüística, com apelo por uma "ciência da literatura" na tradição estruturalista-formalista, viu-se representada pelas preleções sobre a linguagem da poesia e o texto literário, efetuadas por B.

Hrushovski em meados da década de 50 e no começo dos anos 60. No curso desse último período, um grupo interessado em Poética Estrutural reuniu-se em torno dessas conferências. Em seu meio havia estudantes de diferentes proveniências e formações, alunos de Y. Bar--Hillel, Dorothea Krook e outros. Vários membros do grupo vieram a constituir o cerne do Departamento de Poética e Literatura Comparada, fundado, em 1966, na nova Universidade de Tel Aviv, e de sua revista, *Ha--Sifrut*[36].

Ha-Sifrut ("Literatura"), lançada na primavera de 1968, converteu-se em órgão de Teoria Literária e Poética. Entretanto, na medida em que é a única revista de estudos de literatura em Israel, contém igualmente artigos históricos e críticos de literatura comparada e hebraica, escritos por autores com abordagens das mais diversas.

Uma vez que a maior parte do trabalho no campo da poética, nos últimos anos, foi impressa nessa publicação, apoiar-nos-emos fortemente, nesta súmula, no material estampado em *Ha-Sifrut**.

Cabe notar que críticos cuja tendência não pode em geral ser identificada como estruturalista contribuíram muitas vezes para *Ha-Sifrut* com estudos sobre elementos estruturais. Em muitos casos é difícil estabelecer distinções nítidas entre estruturalistas "puros" e estudiosos com interesses afins. Além do mais, sente-se em trabalhos recentes, publicados em Israel no domínio da crítica acadêmica e literária, uma preocupação mais acentuada com problemas de linguagem e poética.

* Cada número trimestral de *Ha-Sifrut* abrange duzentas ou mais páginas em coluna dupla. Sendo o hebraico, que é escrito sem vogais, uma língua relativamente breve, isto equivale a cerca de quinhentas páginas de uma revista inglesa.

Ao lado das elaborações de autores locais, *Ha-Sifrut* tem resenhado escritos em muitas línguas, fundamentalmente no domínio da Teoria Literária. Da vantajosa posição israelense, foi possível confrontar teorias da literatura de várias tradições: russa, inglesa, alemã, francesa, escandinava e outras (Roman Jakobson, Wayne C. Booth, E. Lämmert e outros, 5, 8, 18, 60, 76). A revista apresentou traduções de numerosas contribuições clássicas para a Poética, bem como escritos originais de autores estrangeiros (vertidos a partir de manuscritos) (tais como 9, 79, 97). A língua da revista é o hebraico, mas os sumários em inglês* dão certa idéia do trabalho realizado.

DA LINGUAGEM DA POESIA AO TEXTO LITERÁRIO

Nas décadas de 1950 e início de 1960, literatura enquanto literatura significava naturalmente enfocar a "linguagem da poesia", um termo vago que cobria todo um espectro de assuntos discutidos pelos *New Critics* anglo-americanos, alguns "críticos estilísticos" alemães, Roman Jakobson e os formalistas russos. A fonte óbvia para um tratamento "científico" da linguagem da poesia era a lingüística estrutural européia, bem como os inícios da semântica, no estádio em que se encontravam naquela época.

A abordagem lingüística foi particularmente fecunda para o estudo da prosódia e das unidades elementares de estilo. Entretanto, muito cedo ficou claro existirem diferenças inerentes entre língua e "linguagem da literatura" e, portanto, entre Lingüística e Poética. A noção de "sistema" podia ser aplicada ao estudo da prosódia ou à

* Em vários casos os sumários em inglês são bem extensos, mas em outras ocasiões demasiado curtos e enganosamente simplificados.

descrição do estilo das tendências literárias e de poetas marcadamente individuais. Era possível considerar a literatura como um complexíssimo "sistema de sistemas". Até o menor elemento, como a rima, tinha de ser discutido como ponto de encontro ou junção de vários sistemas. Assim, na rima modernista hebraica e russa, um grupo heterogêneo de princípios influiu na escolha das palavras rimadoras: o sistema de requisitos de som na rima (enquanto oposto ao sistema "clássico"), o sistema de dicção poética a determinar a seleção de palavras, a atitude para com os neologismos, os princípios de sintaxe poética, a posição em face das relações temáticas entre palavras rimadoras, etc. É possível que, em dado estilo poético, princípios tão heterogêneos fossem influenciados por uma atitude estética ou poética mais abstrata. Mas nem sempre isto sucede necessariamente. Há casos nítidos em que se processa um desenvolvimento autônomo de princípios independentes de estilo poético (como o uso feito por Baudelaire das formas estróficas "clássicas" em combinação com temas e imagens mais aparentados com os do Expressionismo alemão por volta de 1920). Tornou-se claro que na poesia não podemos utilizar indiscriminadamente o termo "norma". Falando-se de um sistema poético, fez-se necessário efetuar a distinção gradual entre ao menos quatro espécies de "normas": *a*) uma *lei* absoluta, obrigatória para todos os exemplos de um certo fenômeno; *b*) uma *tendência,* que predomina em determinado estilo ou escritor, mas cuja manifestação real em cada caso não é imperativa, nem indicativa de autenticidade ou valor poético; *c*) artifícios *sintomáticos* que, mesmo quando utilizados sem maior freqüência, são representantes "essenciais" e típicos de um dado estilo (destarte, as assim denominadas rimas "modernistas" podem aflorar apenas ocasionalmente na obra de um autor, mas se constituem em "marcadores" sintomáticos de seu estilo. O mesmo vale para algumas espécies "típicas" de metáforas "modernistas", que amiúde ocupam pequena parcela do texto poético); *d*) expressões *"permitidas"*, inclusive as chamadas "licenças poéticas" ou quaisquer outros desvios possíveis de uma tendência dominante, que não são nem sintomáticos nem ligados a traços de algum modo "essenciais" da obra de um autor.

Outra dificuldade apresentada pela noção de sistema residia no problema de seu alcance, a área em que um certo sistema funciona. Verificou-se que, na história da literatura, bem como nos escritos de um autor, uma certa norma ou mesmo todo um complexo "sistema" valem somente enquanto se mantenham. Podem aparecer de repente obras que não se enquadram nessas normas. A "linguagem" de um escritor não é tão obrigatória nem tão distinta em relação à "linguagem" de outro escritor, quanto, digamos, o inglês em face do francês.

Quanto mais a pesquisa se afastava dos elementos prosódicos da literatura para os semânticos e temáticos, mais se evidenciava que não se pode limitar a discussão à "linguagem da poesia" ou aos componentes menores dentro das fronteiras de uma sentença. Como sugeriram alguns dos estruturalistas dinamarqueses, o signo lingüístico é um signo contextual. Em oposição a isto e à noção de "contexto" proposta por I. A. Richards, foi desenvolvido um conceito de "texto". Não é com um *contexto* mas com um *texto* que estamos lidando. Em muitos aspectos, o texto é a unidade literária primária que determina a forma e as funções dos elementos que o compõem. Um texto é uma peça de linguagem altamente organizada. Todo detalhe de um poema não é determinado por algum vago contexto, mas por uma conjunção de padrões ou configurações (*patterns*) do texto completo. A noção de *texto*, embora desenvolvido em Israel de maneira independente, era inteiramente afim ao termo utilizado no Estruturalismo soviético dos anos 60 e em algumas das poéticas ocidentais da mesma época. As similaridades derivam talvez de uma forte influência comum do Formalismo russo e do Estruturalismo tcheco sobre essas escolas de Teoria Literária.

Entretanto, a teoria do texto foi aqui combinada à fenomenologia do objeto literário, tal como proposta primordialmente por Roman Ingarden. Para o lingüista, talvez seja possível fornecer uma análise objetiva de um *corpus* de linguagem, mas seria impossível dispor de uma poética "objetiva". Alguns dos significados do objeto estético não são apresentados como tais no texto literário, mas são antes providos pelo leitor no processo de entendimento ou, como Ingarden o coloca, de "concretização". Um texto é uma peça de linguagem a ser "realizada"[1] pelo leitor de acordo com alguns requisitos inerentes ao referido texto, mas também à tradição literária e outras circunstâncias históricas e psicológicas. Tal atitude implica que nenhuma análise estrutural de um poema é factível antes de haver uma interpretação ou um conjunto de possíveis interpretações do referido poema. Assim, a prática usual de basear a interpretação no estudo de significados e "estruturas" de uma obra parece que foi invertida: a estrutura tornou-se dependente da interpretação.

A dicotomia de Ingarden (e de Dufrenne) entre *l'oeuvre d'art* e *l'objet esthétique,* sendo a segunda uma

---

1. Mantivemos o *realized* do inglês, respeitando o duplo sentido de atualização e compreensão. (N. do T.)

realização "pertinente" da primeira, foi aceita. Outro princípio da escola fenomenológica também se viu acolhido: o conceito de "objeto estético" em vez do conceito de "linguagem da poesia" como elemento central para o estudo da poética. Ainda que a literatura como um todo possa ser vista vagamente como um sistema, suas unidades não são meras peças de um *continuum* de linguagem, mas são objetos transferíveis e independentes. Contudo, a divisão que Ingarden faz da obra literária em "camadas" claramente diferenciadas (adotada, por exemplo, como base da *Teoria da Literatura* de R. Wellek e A. Warren) foi atacada em uma série de artigos e conferências (37, 38, 39, 40). A transição de elementos do "significado" ou estilo para partes substanciais do "mundo" da obra de arte foi apontada. Muitas metáforas, sobretudo na poesia modernista, tal como aparecem nos versos de Rilke, Maiakovski, Alterman e muitos outros, "crescem" com o desdobrar-se do poema e podem tornar-se componentes fundamentais da situação ou do "mundo" da obra poética. Em algumas partes de tal imagem em desenvolvimento, os liames com a situação básica podem ser metafóricos, ao passo que, em outras, realistas. A assim chamada "realização da metáfora" é apenas uma forma de toda uma gama de fenômenos nesse campo. Cabe falar de "situações figurativas", de "acontecimentos figurativos", transições de elementos de estilo para elementos do mundo e da composição de uma obra de arte, etc. Contrariamente à concepção estática do objeto estético (refletida na obra de Ingarden, bem como na terminologia de muitas escolas de crítica), o conceito sobre a natureza "dinâmica" da linguagem na poesia foi desenvolvido, com fundamento nas idéias seminais de Tinianov e dos estruturalistas tchecos. Uma vez que o objeto estético é visto como algo dependente do processo de leitura, os estádios deste processo e a ordem dos elementos verbais no texto tornam-se extremamente importantes.

Em todas as ocasiões, o pensamento teórico operado pelos membros do grupo israelense foi fortemente vinculado a minuciosas observações de textos literários específicos. Sentiu-se que um conhecimento muito mais cabal da natureza sutil e complexa do objeto literário é imprescindível para que possamos efetuar sistematizações significativas. Daí o papel das interpretações no desenvolvimento da nova poética. Neste sentido, os israelenses aprenderam muito das experiências do *New Criticism*, especialmente na medida em que a principal língua estrangeira conhecida pelos jovens era o inglês.

No início dos anos 60, Hrushovski desenvolveu os lineamentos de uma teoria do texto literário. Por razões óbvias, o trabalho não será exposto aqui em pormenor*. Contudo, alguns princípios podem ao menos ser adiantados, como plano de fundo para os estudos a serem discutidos nos próximos capítulos, alguns dos quais constituíram aplicações ou desenvolvimentos da mencionada teoria. Tais princípios serão delineados de maneira informal, não-técnica, e, infelizmente, sem exemplificação.

PRINCÍPIOS DE UMA TEORIA UNIFICADA DO TEXTO LITERÁRIO

Uma obra de literatura é um certo conjunto de elementos de linguagem denominado *texto*. Um texto implica toda uma rede de ligações entre elementos, a

---

* Esperamos que um esboço desta teoria seja em breve publicado em inglês. Os princípios gerais desta teoria foram apresentados em várias ocasiões (cf. 44, 45) e um capítulo, sobre as relações entre som e significado, foi publicado em hebraico (47).

ser feita por um leitor, das quais algumas são apresentadas por meios lógicos ou sintáticos ou como formas literárias tradicionais, enquanto outras têm de ser providas *ad hoc* pelo próprio leitor. Há grande variedade de "unidades" menores em qualquer texto literário. Ao contrário das unidades de língua, todas as unidades literárias são padrões de ao menos dois elementos de linguagem (rima, metáfora, enredo etc., etc.). Enquanto a Lingüística lida exaustivamente com um *corpus* de linguagem, a Poética o trata de maneira seletiva, *e.g., todos* os sons de um texto ou de uma língua são descritos pela fonologia, ao passo que na poesia são relevantes apenas aqueles sons que participam dos padrões de som de uma ou outra espécie. O mesmo é verdade com respeito à todas as feições de um texto literário. Assim, não importa como definimos um "evento", em termos temáticos, lógicos ou lingüísticos, não podemos simplesmente esquadrinhar um texto à sua procura e identificar suas "unidades de eventos"* ; só são pertinentes aqueles "elementos de evento" que participam de padrões superiores, denominados enredo, subenredo ou coisa parecida. Assim, matar uma pessoa pode constituir um evento crucial se se trata de uma personagem principal, mas pode também ser apenas parte de uma "descrição" se o fato apresentar-se numa cena de batalha. De outro lado, "eventos" importantes para um dado enredo podem não ser apresentados pelos elementos de eventos em geral, *e.g.,* a ruptura de uma relação que o leitor constrói a partir de um diálogo sobre assuntos sem conexão com isso. Em suma, se um certo elemento do texto se torna ou não parte de uma unidade literária isto é decidido não pela natureza do

* Na impossibilidade de traduzir a forma adjetiva de *event*, que corresponderia ao francês *événementiel*, optamos por esta solução. (N. do T.)

referido elemento mas por um padrão mais elevado no qual lhe é dado organizar-se. Podemos falar dos graus, formas, etc. da configurabilidade ou "padronabilidade" de certos elementos de um texto literário. Há um mecanismo básico para criar padrões em um texto literário, permeando todos os elementos do texto, sua organização sonora, significados, formas, etc. Assim, é possível efetuar a tentativa de criar uma teoria "unificada" do texto literário, abrangendo problemas tradicionalmente discutidos sob as rubricas de metáfora, enredo, ritmo, idéias, composição, etc. Na realidade, cada um destes campos particulares, fortemente desenvolvidos nos últimos anos, chegou a uma espécie de ponto morto, em grande parte porque foi discutido independentemente da organização textual e um número demasiado de coisas viu-se relegado ao "contexto", um conceito vago e indefinido.

Grande parte da organização de um texto reside na moldagem de significados. Quanto mais deslocamos o debate da literatura da preocupação tradicional com a linguagem da poesia para a discussão da prosa, mais claro se torna que a maioria dos padrões em literatura são padrões de significado (embora de maneira alguma sejam exclusivamente isso). E inversamente, os significados em literatura são significados de padrões. Assim, o estudo do texto literário fica intimamente ligado ao estudo do significado e ao entendimento da linguagem em relações mais amplas do que uma só sentença.

Por "significado" queremos dizer qualquer coisa que seja veiculada pelo texto, isto é, qualquer coisa que possa ser compreendida pelo leitor. As unidades de significado não são idênticas às unidades de linguagem (palavras, sentenças), embora se localizem *em* palavras e sentenças e em combinações de (partes e elementos de) palavras e sentenças. Um texto não apenas "diz" coisas explicitamente, mas "veicula" também significados inexpressos. Um texto é um corpo de linguagem cheio de lacunas, elipses, unidades desligadas, para ser lido e compreendido, isto é, para ser preenchido e reorganizado na mente de um leitor "adequado".

O entendimento, "correto" ou "errado", completo ou parcial, baseia-se na mesma espécie de técnicas, regras e princípios. Daí ser útil presumir, com Piaget, um leitor "epistêmico", que não impõe suas idiossincrasias, mas que constrói todos os significados e somente aqueles que possam ser justificados a partir de um dado texto. O entendimento implica: *a*) conhecimento de unidades normativas (sentidos léxicos de palavras, contribuições sintáticas para significados, pressuposições); bem como *b*) um processo de *integração* semântica: ligando, relacionando, julgando, ajustando elementos separados do texto, preenchendo lacunas, etc.

Podemos distinguir entre o ato psicológico de entendimento, que é em grande parte intuitivo, e o modo racional de dar conta e justificar significados específicos que foram compreendidos. O entendimento usualmente age através de conjecturas e aproximações; não é um ato final e não exaure em geral todos os significados possíveis de um texto. Não obstante podemos falar de um significado "máximo" ideal de um texto, baseados na suposição de que todas as possíveis construções interconexas de significado são necessárias e de que há uma funcionalidade máxima de todos os elementos e ordens de elementos em um texto.

A compreensão alicerça-se em um processo de *encadeamento* ou *concatenação* de elementos no texto, estejam ou não conectados sintaticamente, e de combinação, reajustamento e especificação de seus potenciais semânticos em significados complexos ou, em geral, *cadeia de significados*.

O equivalente no texto ao "encadeamento" (no processo do entendimento) pode ser chamado de *padrão*. Supondo que qualquer elo possível ou legítimo se baseie em material dado no texto, podemos discutir significados no objeto observável, o texto. Assim, em vez de falar de ligação "errada" (ou "má compreensão"), cabe falar de padrões "duvidosos" ou "injustificados".

Um padrão é uma ligação de dois ou mais elementos no texto, construída por quaisquer meios: repetição de palavra, paralelismo de som, identificação de um referente mútuo, sinonímia abstraída, continuidade de significado, etc., etc.

O estabelecimento do significado, ou entendimento, envolve *uma construção em três andares*. Os três andares são: o nível do "sentido" (ou designação), um campo de referência e princípios reguladores.

Um locutor não diz coisas inteiramente novas. Ele pode utilizar o conhecimento de prévia linguagem e realidade pertinentes aos significados de suas novas sentenças. Dizer algo e compreendê-lo implica "assestá-lo" em um campo de referência (CR) e em um quadro referencial específico (qr) dentro desse campo. Estamos por esse meio abrindo um repertório de informações que pode ser usado para compreender integralmente e especificar o que é transmitido pelas novas palavras.

Os Princípios Reguladores (PR), tais como: ironia, ponto de vista, tom, circunstâncias de uma elocução, etc. dizem-nos *em que sentido* devemos tomar o "sentido" (as designações de palavras, asserções, etc.).

O Campo de Referência a) provê critérios para julgar o valor de verdade das enunciações; aceita ou nega as referências a "significados literais" de palavras e, dessarte, aceita ou modifica seus significados; b) fornece material para especificar o significado, tal como: que espécie de "vermelho" (de tijolos, do céu, etc.), ou em que sentido "novo" e assim por diante.

Os CR são de diferentes espécies: "real", (no espaço e tempo) ou "ideal" (relações de conceitos, uma filosofia, etc.); "presente" ou "ausente"; "conhecido para o leitor" ou "novo".

Um texto literário é um certo conjunto de elementos de linguagem, transferível, permanente e estabelecido, um objeto de linguagem desligado de um mundo de referência e de uma situação de comunicação — desligado, mas não sem relação.

Um texto literário é um texto que cria um *Campo Interno de Referência*. O valor de verdade das sentenças ou da referibilidade das palavras é julgado por tudo o que seja dado nesse CR Interno. Os significados encadeiam-se entre si assumindo um tal CR. As metáforas só se convertem em metáforas em relação a um tal CR. Embora boa parte da linguagem de um texto literário se comporte como se fosse usada em relação com um CR real, conhecido, na verdade um tal espaço e tempo reais não são dados de antemão.

Em suma, o mesmo corpo de linguagem fornece a) material para a construção e preenchimento de um CR; b) os "sentidos" que se relacionam com esse CR; c) os princípios reguladores pelos quais estes sentidos devem ser lidos, inclusive a "voz" e o "ponto de vista" de um locutor ou narrador ou autor reconstruído.

O CR Interno é edificado com o uso de modelos de CR externos conhecidos. Assim, trata-se não só do fato de que usamos a literatura para entender o mundo, mas de que temos de empregar o "mundo" a fim de sermos capazes de entender a literatura e, em geral, de ligar significados na linguagem. Isso não quer dizer, é claro, que o CR Interno precisa ser similar a qualquer CR "externo" conhecido. Se as regras da realidade predominam ou não em um CR Interno, isto é estabelecido a partir do próprio texto. À medida que o CR se desdobra, é mister supor uma "chave de realidade" para saber se o mundo ficcional é ou não "realístico", "fantástico", "lendário", etc. Certas expressões podem ser metafóricas em um CR realístico ou "reais" (i.e., referenciais) em um CR fantástico (*e.g.*, uma pessoa que se torna muito pequena ou muito grande é uma metáfora — grotesca, hiperbólica, ou coisa diferente, num texto realístico, mas é um evento "real" em *Alice no País das Maravilhas*).

Parece que definir um texto literário como texto com CR Interno é a única definição capaz de distinguir a literatura (inclusive a literatura oral) de outras formas de linguagem. A existência de um CR Interno não implica de maneira nenhuma que uma obra de literatura contém apenas um CR ou que as palavras possam referir-se apenas a esse CR Interno. Uma considerável gama de expressões verbais relaciona-se com o CR externo do texto dado, quer na realidade histórica, quer nas idéias, quer na história da literatura (alusão). Uma expressão que se relaciona com um tal CR externo traz de volta, ao CR Interno, um repertório de informação, qualificando significados, etc.

Um texto não é apresentado sob a forma de um Campo de Referência contínuo. Cumpre distinguir toda uma série de *quadros de referência* (qr) que são peças do texto contínuas em significado em algum aspecto, no espaço, no tempo ou em idéias. Há toda uma série de "deslocadores" ou "embreagens" (*shifters*) que transferem a atenção do leitor de um pequeno qr para outro, de um espaço ou tempo para outro. Dois qr contíguos permitem que o leitor os construa como partes de um CR maior, *e.g.*, episódios separados na vida de uma pessoa, dois lugares numa continuidade de espaço, etc. Em alguns casos tal continuidade não pode ser estabelecida pelo leitor no contexto imediato e cria dois conjuntos separados de CR, a serem ligados em uma fase ulterior ou por algum princípio maior. Por exemplo, os episódios desconexos entre si que no romance de Sartre descrevem as vésperas da Segunda Guerra Mundial em diferentes lugares da Europa são concatenados pelo leitor mediante a idéia de "Europa à véspera da guerra". Se, entretanto, o "sentido" de uma palavra (sua designação) não pode adequar-se a seu qr imediato, torna-se então metafórico. Também, os sentidos que se referem realisticamente a um qr podem ser transferidos metaforicamente a outro qr.

É dado ao leitor utilizar a questão de "sentido" das palavras para referir-se ao mesmo tempo a vários qr ou mesmo a vários CR. Assim, no *Rabbit Redux* de John Updike, há uma discussão sobre o Vietnã entre um marido pertencente ao operariado, mas conservador, e o amante de sua mulher, um radical. As palavras são entendidas, pelo leitor como referentes ao mesmo tempo à situação no Vietnã e à tensão entre os dois homens; quando o marido declara "Vocês, minha gente, estão destruindo a América", nós o entendemos dizer também "Você está destruindo minha família".

Pode-se falar da transferibilidade do material semântico de um qr para outro, dentro do CR interno de uma obra de arte, bem como fora dele. É possível também discutir o grau, a forma e a extensão de *referibilidade* do material semântico a um ou outro qr.

Como são construídos os padrões? O leitor liga elementos de linguagem entre si, de acordo com certo número de princípios. Os padrões podem ser:

a) *Formais* ou *implícitos,* isto é, vinculados por artifícios lingüísticos ou formas literárias tradicionais ou informalmente unidos mas ligados necessariamente se o texto deve ser lido como um "mundo" unificado. Usamos tais elos implícitos mesmo para ligar os mais simples elementos de significado; uma porta aberta numa sentença e uma mesa noutra são entendidos como partes do mesmo aposento, ainda que nenhum laço formal seja apresentado e que a palavra "aposento" não seja mencionada.

b) *Contínuos* ou *descontínuos*. O metro ou uma passagem descritiva servem de exemplo para o primeiro caso, enquanto a rima ou o enredo para o segundo.

c) De *material homogêneo* ou *heterogêneo*. As rimas são feitas de elementos homogêneos: aspectos "inerentes" de som; ao passo que a idéia de história em *Guerra e Paz* de Tolstói é composta de material heterogêneo: declarações do autor, proferições das personagens, apresentação de figuras históricas, as conclusões do leitor a partir do enredo, etc. Semelhantes construções heterogêneas efetuadas por um leitor desempenham importante papel em todas as áreas da obra literária. Até o ritmo é uma construção heterogênea, que utiliza elementos "apropriados" (traços quantitativos de som) bem como "elementos extrínsecos": sintaxe, significado, tom, atitudes de gênero, etc.

d) Estáveis ou *temporários*. Alguns padrões são construídos de modo apenas temporário, *e.g.*, explanações transviadoras em um romance de mistério ou certos detalhes visuais de imagística que têm de ser subseqüentemente mudados. Tais padrões temporários não se destinam apenas à primeira leitura. Precisam ser construídos pelo leitor em leituras subseqüentes também, isto é, mesmo quando sabe que o significado final é diferente. Esses padrões temporários desempenham importante função na edificação da experiência do leitor.

e) Inequívocos ou *"sobrepairantes"*. Esta última espécie é proeminente, por exemplo, em sugestões simbólicas implícitas em certos tipos de cenário, que não devem ser explicados plenamente.

f) Certos ou *possíveis*. O primeiro caso implica algo passível de ser convincentemente construído numa interpretação analítica, ao passo que no tocante ao segundo não temos prova absoluta, embora alguns leitores talvez estejam fortemente propensos a achar que uma tal possibilidade existe. Não se deve confundir esta dicotomia com a anterior, uma vez que os significados "sobrepairantes" podem ser objeto inteiramente certo e inequívoco de debate.

g) Fechados, semifechados ou *abertos*. Uma rima, quando acabada, é um padrão fechado. A aliteração é aberta enquanto continuamos a ler e novos sons podem ser a ela adicionados. O enredo ou a biografia de uma personagem são na maioria das vezes padrões abertos.

De outro lado, a psicologia de uma personagem é, em cada ponto, um padrão "semifechado": em cada situação, o leitor tem que sumariar a natureza de uma personagem, embora saiba que este sumário há de ser reaberto à medida que a estória prossegue.

h) Estabelecidos por meio de princípios do *puramente-literário* ou do *parecido-com-a-realidade*. Esta distinção foi capital para a teoria e sofreu uma série de refinamentos que não cabe discutir aqui. A idéia básica é que, além dos padrões do "puramente-literário" discutidos nas análises estruturais tradicionais, há toda uma série de princípios do "parecido-com-a-realidade" sem os quais a organização de uma obra literária é inconcebível. Ligamos eventos, situações, expressões, etc., desconexos e heterogêneos por meio de conceitos, como a psicologia de uma personagem ou a psicologia do homem em geral, idéias, concepções do mundo, etc.

Assim, o entendimento, tanto quanto a organização de um texto e a "experiência estética", implica criar toda uma rede de padrões no processo de leitura. O leitor, tendo base suficiente para a criação de um certo padrão, liga uma certa variedade de elementos, que pode ser descontínua e heterogênea. Entretanto, um padrão, que une vários elementos de um texto, pode empregar apenas partes destes elementos. Uma rima, por exemplo, utiliza apenas uma parcela da estrutura sonora das palavras participantes; uma caracterização pode basear-se, de um lado, no que o narrador ou outras pessoas convertem em generalizações sobre essa personagem (qualificada pela compreensão do leitor quanto à posição do locutor) e, de outro, em abstrações e interpolações a partir de diálogos e situações. Qualquer nome, abstração ou pergunta pode remeter o leitor de volta ao texto em busca de material para possíveis respostas, que ele combina em um padrão compósito. Qualquer transação de significado envolve: 1) o estabelecimento de um liame (através da abstração); 2) a extração de material utilizável de significação ou a construção de partes ausentes; 3) o ajustamento mútuo (especificação). Visto que muitas unidades semânticas no texto não são dadas em uma única unidade de linguagem, mas apresentadas como um padrão de elementos, e que cada elemento tem de ser engastado em seu próprio contexto no *continuum* textual, cada elemento de um significado tão complexo pode assumir forma e gradação particulares de significado, tal que o "significado" do padrão todo ou *cadeia* torna-se não um só mas cambiante. Em literatura, lidamos com *cadeias de significado* (um enredo, uma personagem, uma imagem ampliada e uma idéia) que não são redutíveis a um enunciado estático.

De outro lado, as unidades de um texto — quer unidades de linguagem (palavras, sentenças, parágrafos), quer unidades literárias (cenas, diálogos, imagens, capítulos) — podem servir de *junções* a vários padrões (heterogêneos). Assim, uma palavra que rima é uma *junção*: alguns de seus sons participam do padrão rímico, outros sons (acento, sílabas) participam do metro; suas propriedades sintáticas ligam-na à sentença, seus aspectos concretos à imagem, seu significado abstrato às idéias, etc. Uma certa cena pode contribuir para o desdobramento do enredo, para a caracterização de várias personagens, para as idéias, para a construção da realidade ficcional, etc. Um escritor não pode introduzir um evento puro, como não pode introduzir uma rima pura ou uma idéia pura; tem de usar palavras e sentenças, que carreguem consigo mais do que o requerido acontecimento, som rimante, idéia, etc. Os elementos adicionais "irrelevantes" para o padrão à mão, devem ajustar-se de maneira própria e interessante aos outros padrões, heterogêneos do texto. Além do mais, qualquer junção, qualquer unidade do texto, ou qualquer padrão, podem também servir a uma *multiplicidade de funções* na obra de arte.

Em qualquer texto, os padrões estão organizados em *dois níveis*: o *nível da continuidade de texto* e o *nível reconstruído*. Personagens, enredo, idéias, tempo, espaço, etc. são construídos pelo leitor a partir de elementos descontínuos no texto e são reorganizados de acordo com seus princípios inerentes (tais como: cronologia — para elementos de tempo; ordem lógica — para idéias, etc.). Este nível reconstruído é o que em geral é discutido na crítica, muitas vezes sem que se esclareçam as diferenças entre o que é dado no texto e o que foi acrescentado, entendido ou construído (por mais necessário que seja) pelo leitor.

Neste nível os padrões entram em *relacionamentos hierárquicos*. Mas tais hierarquias não são de maneira alguma estáveis, unidirecionais ou arquitetônicas. Uma vez que são construídas pelo leitor a partir do material disponível num texto, podem ser fluidas e podem ser invertidas no curso do desdobramento de um texto. São sempre hierarquias "com respeito a" algo. Assim, as personagens podem estar subordinadas ao enredo quando enfocamos nossa atenção no enredo, mas o mesmo enredo torna-se subordinado à personagem tão logo nos sintamos interessados na referida personagem. Tal processo é uma conseqüência da circularidade inerente ao texto literário.

Ao edificar o nível reconstruído, o leitor tem que preencher muitas lacunas, adivinhar, criar hipóteses, etc.

Para esse propósito, pode utilizar qualquar modelo externo (do mundo, da história, mito, lenda, da literatura, das teorias da psicologia, etc.). Como Ingarden mostrou, nenhuma apresentação pode ser detalhada plenamente. Somos forçados a fazer uma distinção entre diferentes espécies de indeterminações (o *Unbestimmtheitsstellen* de Ingarden); algumas são desinteressantes e outras são *claros* que o leitor é estimulado a preencher, por mais hipotética ou temporariamente que seja.

Como foi explicado antes, isto é feito referindo-se material semântico ao Campo de Referência Interno construído (e ampliando-o e especificando-o por esse meio, ao mesmo tempo) e por intermédio de um conjunto de Princípios Reguladores, que são, por seu turno, construídos a partir do mesmo texto. Qualquer parte da corrente de linguagem pode ser levantada para servir de Princípio Regulador (para tornar-se "supra-segmental"): um "Ponto de Vista", um tom, a natureza da personagem (servindo como qualificador do que quer que diga), etc. Essa construção em três andares também existe na linguagem nas circunstâncias da fala normal; entretanto, aí só o nível médio está claramente presente no material verbal, enquanto o campo de referência, bem como os princípios reguladores parecem dados primordialmente na situação. Em um texto literário, tal situação é reconstruída pelo leitor a partir do mesmo material verbal e há uma dependência mútua e circularidade das interpretações aplicadas a cada um desses três andares.

Na crítica literária tradicional, o nível de *continuidade de texto* foi praticamente omitido. À parte do problema de apresentar um "mundo" a ser construído por um leitor, um escritor deve desdobrar o seu texto passo a passo e justificar as adições, deslocamentos, paradas, etc.

A feitura de uma página é tão típica para o reconhecimento de um autor (como Faulkner ou Hemingway) e tão vital para o impacto criado sobre o leitor quanto o são os grandes padrões de enredo, idéias, personagem. Básico para o desdobramento de uma obra de arte literária é o "princípio do avanço sem princípios" do texto; um capítulo pode começar como descrição, deslocar-se para as idéias, para um diálogo, para o passado; as proporções de uma apresentação podem mudar, etc. Outro princípio da literatura é a desproporção de apresentação de qualquer coisa que seja apresentada.

Básicos para a análise do nível de continuidade de texto são: as maneiras de *segmentação* de um texto, os modos e formas de uma tal segmentação, as "motivações" para introduzir ou interromper tais segmentos e os "deslocadores" ("embreagens") usados para esse propósito. Não podemos detalhar aqui este aspecto da teoria do texto.

Tal é o quadro geral de pensamento a partir do qual estão sendo desenvolvidas noções descritivas específicas capazes de lidar com as questões tradicionais da crítica literária. De outro lado, tornou-se claro que não é possível empregar automaticamente, para a compreensão do significado em literatura, as teorias "estáticas" do significado ora existentes (que em geral cometem a "falácia da primeira sentença", supondo que toda sentença é a primeira). Ao contrário, suas restrições parecem indicar sua limitada apreensão da própria linguagem, e o texto literário, que é um cerrado complexo de linguagem a empregar em alto grau todas as possibilidades que a linguagem oferece, pode servir de ponto de partida conveniente para uma nova teoria do significado, que se pode chamar de Semântica Integracional.

2. PROSA

O LEITOR, O TEXTO NARRATIVO, SISTEMAS MÚLTIPLOS DE PREENCHIMENTO DE LACUNAS E A POÉTICA BÍBLICA

Um importante artigo de Menakhem Perry e Meir Sternberg (72) suscitou grande interesse e debate. Os autores analisam em pormenor o relato bíblico de Davi e Batseba (II *Sam.* 11) e atacam, a partir deste ângulo de observação, vários problemas relevantes da poética bíblica, da estrutura de ficção e da teoria do texto literário.

O ponto de partida é a teoria do objeto literário como um objeto dependente de um relacionamento entre um texto e um leitor. Um leitor que deseja atualizar a realidade representada em um texto, construir o mundo ficcional que ele projeta, precisa responder, no curso de sua leitura, a uma série de indagações como: O que está acontecendo, e por quê? Qual é a conexão entre os eventos? Qual é a motivação desta ou daquela personagem? etc. Muitas das respostas a estas perguntas não são propostas *explicitamente* pelo texto, mas precisam ser fornecidas pelo próprio leitor, algumas de maneira temporária, parcial ou potencial, e outras plena e finalmente. A obra literária deixa, de fato, um *sistema de lacunas* que o leitor precisa preencher no curso da leitura. Isto é feito através da construção de hipóteses, à cuja luz elementos vários na obra são explicados ou caem em padrão. A validade de uma hipótese depende do número de elementos no texto a que recorre e do grau de pertinência entre eles que lhe é dado criar. Trata-se de um fenômeno que vai de simples ligações ou decisões levadas a cabo pelo leitor automaticamente até complexíssimos sistemas de ligações, que são construídos consciente, laboriosa e hesitantemente e com constantes correções ou modificações à luz de informação adicional que é ministrada em estádios ulteriores da obra.

O preenchimento das lacunas não é de modo algum um processo arbitrário. É dirigido e circunscrito por: *a*) os eventos, temas, idéias e ligações *explicitamente* comunicados na obra; *b*) a linguagem e a estrutura da obra; *c*) as leis especiais do mundo projetado, leis que foram impressas no leitor no curso da leitura; *d*) o conjunto perceptual que as características genéricas da obra suscitam no leitor; e *e*) as suposições básicas ou leis gerais de probabilidade derivadas das convenções culturais comuns e da vida cotidiana. Em alguns casos, o leitor é forçado a abandonar *e*) em favor de *c*), mas na maioria das vezes ele tende a escolher a hipótese mais provável e convencional dentro de seu ambiente cultural.

Ao contar a história de Davi e Batseba, o narrador limita-se a apresentar apenas as ocorrências externas (ação e fala). Não penetra na vida interior das personagens, embora nesse relato, como na maioria das estórias de adultério e traição, o leitor esteja interessado precisamente nas motivações das personagens. O narrador evita uma apresentação explícita ou formulação de pensamentos, mas dirige o leitor de modo a induzi-lo a partir daquilo que é dado explicitamente. A supressão de fatos importantes, a pseudo-objetividade do narrador e a comunicação dos eventos chocantes como se fossem ocorrências comuns criam uma tensão irônica entre a maneira sugerida com que a estória é comunicada e os próprios eventos, tais como reconstruídos pelo leitor. Os autores demonstram *a*) que o preenchimento das lacunas centrais no relato não se realiza de modo automático, mas exige atenção cuidadosa a detalhes das ocorrências apresentadas, bem como da linguagem e do estilo; *b*) que o processo não se limita meramente a enriquecer o significado da estória, mas é antes uma necessidade para quem quer que deseje compreender o que está acontecendo; e *c*) que a maioria das lacunas foram abertas pelo narrador no ponto central ou crucial do relato.

Os autores reconstroem cuidadosamente passo a passo o processo de realização da estória. Como eles mostram, uma das principais lacunas na narrativa é se Urias sabe do adultério de sua mulher. O texto impede uma resposta definitiva à questão. Cada uma das duas hipóteses possíveis (sim ou não) é amparada por vários argumentos gerais, enquanto outros argumentos expõem a fraqueza de uma delas e apóiam a hipótese oposta. Cada uma das hipóteses lança uma luz diferente sobre pormenores idênticos ou diferentes do texto e organiza-os de uma maneira diversa, e cada uma apresenta Urias de um modo diferente. De outro lado, cada uma projeta uma luz irônica sobre Davi, mas de formas diferentes. O texto explora deliberadamente essa incapacidade de chegar-se a uma escolha definida entre os dois sistemas de preenchimento dos claros. Os autores salientam o modo de o narrador fazer uso das vantagens de cada um dos referidos sistemas a fim de empregar Urias como veículo de ironias sagazmente veladas e dirigidas contra Davi. Também, a constante oscilação entre as várias hipóteses orienta repetidamente a atenção do leitor para a textura concreta da obra.

A coexistência de sistemas incompatíveis de preenchimento de claros, construídos simultâneamente, não é rara na literatura (embora a maioria dos críticos pareça passar por cima deste importante fato). Os autores sugerem que o fenômeno seja denominado *sistemas múltiplos de preenchimento de lacunas*. Em algumas obras, a coexistência de tais sistemas múltiplos de preenchimento de claros é um dos principais princípios composicionais*.

Os autores examinam as duas principais hipóteses que foram discutidas na crítica de *The Turn of the Screw* de Henry James (a hipótese Aparicionista *versus* a hipótese Não-Aparicionista). O ideal implícito da crítica inglesa, que é o de estabelecer uma única hipótese correta, mostra-se absurdo. Este ideal levou à interminável controvérsia acerca de "o que realmente acontece" nesta *nouvelle*. De fato, o princípio central de composição na estória de James é a incapacidade de decidir entre duas hipóteses centrais.

Perry e Sternberg mostram-se surpreendidos com o fato de a crítica inglesa, que tem considerado o "significado múltiplo" como um dos traços distintivos da linguagem da literatura, haver-se esquivado da ambigüidade no nível dos acontecimentos, dentro do campo de realidade representado em uma obra de literatura.

Os autores assinalam algumas diferenças básicas entre o preenchimento de claros na literatura e na vida diária. Na obra literária, o processo é também dirigido pelos *padrões puramente literários,* como a poética da estória, sua estrutura, seu estilo, seu ritmo, etc. Múltiplos sistemas de preenchimento de lacunas podem coexistir na vida co-

* Um fenômeno semelhante no *Don Juan* de Molière foi analisado por F. Rastier, *Semiótica*.

tidiana também, mas então sabemos que apenas uma das hipóteses é possível, embora nem sempre tenhamos informações suficientes para decidir qual delas é a correta. De outro lado, na obra literária ambas as hipóteses podem ser legítimas, porque é possível motivar esteticamente sua coexistência nas e pelas intenções artísticas da obra.

Em um número ulterior de *Ha-Sifrut* foi publicada uma extensa discussão desse artigo fecundo, centrando-se na poética da narrativa bíblica. Os dois críticos, Boaz Arpali(2) e Uriel Simon (89), atacam primordialmente a aplicação de modernas técnicas analíticas a um capítulo da Bíblia, que não constitui um relato independente, mas parte de um *continuum* mais amplo. Caracteristicamente, Arper denominou o seu trabalho de "Cuidado: Uma Estória Bíblica", ao passo que Perry e Sternberg deram à sua refutação o nome de "Cuidado: Um Texto Literário". Nos dois artigos críticos, bem como na larga réplica de Perry e Sternberg, houve quer o exame de um rico material bíblico quer a formulação de uma série de princípios da poética bíblica.

ANALOGIA E COMPOSIÇÃO DO ROMANCE

No primeiro número de *Ha-Sifrut,* Menakhem Perry (71) publicou um estudo sobre a analogia e seu papel como princípio estrutural nos romances do clássico da literatura hebraica, Mêndele Moikher-Sforim (1832-1916). Afirmou-se que os romances de Mêndele eram deficientes em muitos aspectos, fundamentalmente por carecerem de "intriga amorosa", de mudança psicológica nas personagens e de uma tensa amarração do enredo. Perry argumenta que tais observações têm validade apenas como especificações descritivas, mas que não precisam ser acolhidas como juízos de avaliação. Como a análise demonstra, a riqueza e o interesse das narrativas de Mêndele residem na rede de padrões que compensa as carências ostensivas. O artigo apóia-se na diferença estabelecida anteriormente por Hrushovski entre dois tipos de padrões e ligações existentes na obra de arte literária: padrões quase-realistas e puramente literários. Depois de descrever as ligações (enredo e personagem) quase-realistas nos romances de Mêndele, Perry argumenta que, devido à soltura com que se apresentam, o leitor é estimulado a procurar padrões puramente literários (primordialmente analogias). Mêndele, o escritor ostensivamente super-realista, utiliza toda uma rede de analogias (entre fragmentos, partes de enredo ou linhas de enredo), sobrepondo deste modo — em termos jakobsonianos — um princípio de simultaneidade ao *continuum* da obra literária. O efeito e o significado de cada parte do texto torna-se dependente de suas relações com as outras partes.

No exame de uma analogia entre dois capítulos de *As Viagens de Benjamim o Terceiro,* Perry aponta as transformações do material analógico: o que aparece numa parte como produto da imaginação, torna-se no capítulo paralelo um objeto que é real e concreto, e vice-versa. Em princípios similares baseiam-se os liames entre elementos de estilo e linguagem, numa parte do romance, e acontecimentos e situações, noutra. Um símile num enredo converte-se em objeto real ou acontecimento no enredo paralelo. Palavras que surgem numa metáfora ou num idiomatismo de um enredo reaparecem como eventos reais, fundamentados em seus significados literais, em outro enredo. Assim, o romance progride como um fluxo constante flutuando para trás e para frente entre elementos estilísticos e padrões de enredo. De fato, o enredo de *As Viagens de Benjamim o Terceiro* baseia-se na "literalização" e compreensão de idiomatismos.

ESTILO E COMPOSIÇÃO

A relação de continuidade entre elementos do estilo e elementos da composição também foi explorada por outros críticos. Boaz Shakhevitch (83) investiga o desenvolvimento da imagem da mosca nos escritos de K. Mansfield e mostra como ela evolui de uma metáfora até chegar a um conto completo.

Harai Golomb (22) estuda como o título da estória de Agnon *Um Rosto Diferente* (traduzida para o inglês como *Metamorfose*) evoca um vasto número de idiomatismos hebraicos. Tais idiomatismos dificilmente aparecem no texto de Agnon mas subsistem nele como potenciais "sobrepairantes" de significação, os quais, quando atualizados pelo leitor, aumentam de maneira considerável a coerência da estória como um todo.

Nilly Mirsky, num estudo abrangente da prosa de Solzhenytsin (65), indica como a estrutura temática dos romances deste autor contém subjacentes algumas figuras-chave. Assim, o romance inteiro *O Primeiro Círculo* baseia-se no desenvolvimento de dois oximoros contraditórios que em momento algum da obra são mencionados de forma explícita: "o perseguidor perseguido" e "o prisioneiro livre".

Shimon Sandbank (77) analisa os modos concretos de argumentação paradoxal que compõem em Kafka o conhecido efeito de ilogicidade. Os três principais tipos de paradoxo, todos alicerçados no jogo recíproco entre afirmação e negação, são: 1) afirmação e negação sucessivas da mesma coisa; 2) afirmação e negação simultâneas, que resultam numa "negativa afirmada"; e 3) a versão aguçada do mesmo paradoxo, onde a afirmação se torna a *causa* da negação ou o possível se faz inerentemente impossível. Tais estruturas são subjacentes à organização lógica de sentenças e parágrafos, bem como das cenas-chave das estórias de Kafka. Num segundo trabalho (78), Sandbank estudou e classificou as relações da lógica e da linguagem nos aforismos de Kafka.

FAULKNER E A POÉTICA DO ROMANCE MODERNO

Em extenso estudo sobre "Os Princípios Composicionais de *Luz de Agosto*" de Faulkner (91), Meir Sternberg descreve e define alguns dos elementos mais fundamentais da poética do romance moderno. Antes de refutar a queixa mais comum dos críticos, segundo a qual Faulkner não é essencialmente um romancista mas antes um autor de contos, Sternberg especifica e analisa todos os itens possíveis pelos quais o mencionado romance pode ser condenado sob o ângulo estrutural: 1) falta de inter-relação entre personagens principais em termos da ação, a ponto de seções inteiras do romance parecem redundantes em face de outras; 2) uso não consistente de um único ponto de vista; 3) falta de um foco único de interesse (uma personagem ou algum complexo de relações), uma vez que diferentes indicadores (quantitativos, estruturais, temáticos) sugerem diferentes centros possíveis. Os constantes — e extraordinariamente drásticos — deslocamentos e torções da narrativa forçam o leitor à conclusão de que neste romance é preciso postular vários centros independentes de interesse, pois nenhuma das hipóteses unificadoras podem por si só responder pelos princípios gerais de seleção e combinação que operam no romance.

Sternberg demonstra por uma comparação com *Feira da Vaidade* de Thackeray que é impossível responder pela unidade do romance com a pretensão de que o seu centro de interesse reside no quadro panorâmico do Sul. Esta tentativa de substituir a unidade do objeto pela unidade na maneira de representação falha por causa da profundidade temática do romance, do modo de caracterização, penetração psicológica e *suspense* acional — que são todos incompatíveis com o romance panorâmico típico. Semelhantemente, Sternberg mostra como a impressionante heterogeneidade temática desse romance impede a fácil postulação de que um único tema seja o princípio de unidade.

Sternberg argumenta que é preciso encarar as pretensas "debilidades estruturais" como produto histórico de uma mudança na concepção ou modelo de unidade, que resulta em uma nova espécie de estratégia composicional. O romance moderno erige-se sobre princípios de composição que devem ser, de fato, encontrados em toda obra narrativa, *qua* obra narrativa. Ele os emprega, entretanto, de uma maneira particularmente drástica, envolvendo, de um lado, abandono parcial ou mesmo fragmentação deliberada de alguns dos artifícios estruturais convencionais e, de outro, confiança sem precedentes na elaboração de outros que, em regra, ocupavam uma posição apenas secundária no "velho" romance.

Sternberg descreve as várias peculiaridades estruturais do romance moderno, tais como as medidas preventivas tomadas para impedir a preocupação exclusiva do leitor com as feições quase miméticas ou lineares da obra e levá-

-lo a perceber a abundância e centralidade dos padrões analógicos e simultâneos. Ele também mostra como o romance moderno tende às vezes a aderir às unidades de tempo e lugar — uma adesão que sublinha até mais ainda seu enfraquecimento da unidade convencional de ação. Estas unidades contribuem para a unidade do objeto de representação, atraem a atenção do leitor para os novos princípios composicionais e facilitam a transição de uma personagem ou fio de ação para outro qualquer por intermédio de dinâmicos centros metafóricos-metonímicos de transição, como a coluna de fumaça em *Luz de Agosto*.

Sternberg define os artifícios composicionais até agora analisados como sendo mormente de caráter preventivo ou "negativo" bem como "geral" — "negativo" porque destinados a impedir qualquer possibilidade de integração adequada em termos de um único modo de encadeamento; e "geral" porque encorajam de fato o leitor a estabelecer padrões simultâneos e lançam-no em busca de toda a variedade de princípios unificadores empregados, mas não bastam para encaminhá-lo aos elementos particulares que é mister cotejar e apreender simultaneamente.

Luz de Agosto reforça a sensação geral do leitor quanto ao caráter fechado da obra literária pela elaboração de um ritmo unificador que é peculiar a este romance — uma complicada rede de repetições (palavras ou frases, objetos, eventos e temas recorrentes) que estabelecem a homogeneidade particular do mundo ficcional que projeta. Para ilustrar o mencionado princípio composicional, o artigo traça em pormenor dois dos principais grupos de elementos recorrentes. Um converge sobre um objeto no mundo ficcional — sapatos; o outro, sobre o motivo de fuga, perseguição e captura. Sternberg nota quão espantosamente abundantes são os aparecimentos dos dois grupos e indica o conjunto de artifícios mutuamente reforçadores pelos quais o texto põe em foco sua centralidade quantitativa, bem como qualitativa enquanto fatores de unificação.

O autor examina, além disso, as relações entre as funções puramente composicionais ou integrativas e as funções significativas servidas pelo ritmo unificador. Na obra literária, ao contrário de uma peça musical, a própria função composicional é amiúde reforçada pelo significado específico da unidade e suas relações com a variedade de elementos significativos na obra. Quanto mais suas potencialidades significativas são efetivadas na obra e quanto mais se inter-relacionam com outras unidades — particularmente as maiores ou as de níveis superiores — tanto mais sua perceptibilidade se eleva e sua força unificadora aumenta.

Uma vez que o leitor tenha, entretanto, percebido que a obra, aparentemente caótica, está, de fato, unificada por uma rede de repetições, ele não se contenta com o sentido geral de unidade, mas procura descobrir a significação específica de cada grupo, de modo a compreender a estrutura temática particular da obra como um todo. Ele confronta os componentes de cada grupo entre si — uma pessoa que usa sapatos com outra, uma perseguição com outra, uma captura com outra, etc. Buscando dessemelhanças bem como correspondências, compara-as, contrasta-as e investiga a significação de seu relacionamento. E por este processo chega finalmente ao pleno significado da obra. O artigo conclui com uma diferenciação entre duas espécies de ligações, a explícita e a implícita, uma discussão de suas funções na construção de padrões analógicos e a descrição da tensa mas pacífica coexistência entre a ampla variedade de princípios composicionais empregados no romance.

TEORIA DA PERSONAGEM

A teoria da personagem na ficção em geral permanece menos desenvolvida ou subordinada a outras preocupações nos estudos estruturais. S. Chatman (9) ataca o papel secundário desempenhado pela personagem na teoria da narrativa de alguns estruturalistas franceses, influenciados pela morfologia de V. Propp com respeito ao conto popular*.

Entretanto, em alguns dos estudos ficcionais israelenses as personagens são concebidas como fatores centrais e determinantes na estrutura da prosa. Assim, Perry (7) levanta o problema de uma poética da personagem. Por exemplo, faz uma distinção entre as oposições "estático--dinâmico" e "redondo-plano". Em contraposição a E. M. Forrester, argumenta que é impossível contar as qualidades ou características de uma personagem. Uma personagem "plana" como Benjamim em *As Viagens de Benjamim o Terceiro* tem tantos traços quanto Raskolnikov, que é uma personagem "redonda". No entanto, há uma diferença na natureza desses traços e no modo de sua integração: os traços de uma figura "plana" pertencem a categorias gerais; não são explicadas em termos da psicologia individual de uma personalidade específica. Uma personagem "redonda" surge como única tão logo entra no romance. É dotada de qualidades que contradizem uma à outra indiretamente e que interagem e modificam uma à outra para

* Seria supérfluo apresentar o argumento de Chatman pormenorizadamente, uma vez que foi publicada uma tradução inglesa no *Journal of Literary Semantics*, 1:1.

criar um composto único. A personagem "plana" trai desde o começo um grupo convencional de traços, isto é, traços que tendem a ser associados em convenções sociais ou literárias. Mesmos traços que são aditados mais tarde durante a ação não nos surpreendem, pois também eles são parte do grupo típico.

De uma maneira mais tradicional e trabalhando a partir de um corpo crítico em alemão, inglês e hebraico, Joseph Ewen (19) apresenta uma sinopse do campo todo da caracterização na literatura.

Ewen sugere uma classificação das personagens literárias de acordo com seu quadro existencial, sua posição e sua função da obra literária. Na maioria das personagens literárias, distingue "esferas" inter-relacionadas: 1) atividade externa; 2) vida interna; 3) personalidade. As primeiras duas esferas são basicamente dinâmicas e a terceira é relativamente estável.

Discutindo a terceira esfera (personalidade), Ewen argumenta que a definição de Forster dos tipos planos e redondos oblitera duas distinções, que são: 1) a complexidade da personagem e 2) a capacidade da personagem de evoluir e mudar. Acrescenta uma terceira distinção — o da personalidade extrovertida *versus* a introvertida.

Ewen analisa a diferente natureza e papel das personagens secundárias na composição de ficção. Além disso, classifica os "artifícios de caracterização", diretos e indiretos, que são típicos das "esferas" em separado.

PONTO DE VISTA; NARRADOR; DISCURSO COMBINADO

Em outro estudo (18), Joseph Ewen resenha as teorias do "discurso representado" (*Erlebte Rede*), particularmente na crítica alemã. Um desenvolvimento ulterior no mesmo campo é a noção de Harai Golomb no tocante ao "Discurso Combinado". Golomb (26) argumenta que o referido termo é pertinente a um largo corpo de ficção. Ele mostra que em muitos casos não se trata apenas de "monólogo narrado" ou de *estilo indireto livre,* mas de uma virtual, amiúde complexa, combinação de duas ou mais vozes (a do narrador e a da personagem). Indica ainda que o Discurso Combinado não tem traços lingüísticos próprios. Muitas vezes não é, sob o ângulo lingüístico, distinguível de um fluxo de narrativa a precedê-lo ou segui-lo. Considerações puramente literárias, tais como a exigência de uma interpretação coerente de uma estória ou de uma explicação funcional das sutilezas e complexidades de sua técnica, conduz o leitor à identificação do "Discurso Combinado" como entidade distinta. De acordo com a definição de Golomb: "Uma dada passagem é escrita em Discurso Combinado se o seu contexto ou composição sugerem que seja proferido conjuntamente ao menos por duas vozes".

O discurso direto e indireto têm um traço principal em comum, literalmente, o de manter dois locutores à parte. "Discurso Combinado" é por definição, diametralmente oposto a este traço. Em conseqüência, o trabalho propõe uma nova dicotomia, baseada em critérios mais literários do que lingüísticos, pela qual "Discurso Distinto" é contraposto a "Discurso Combinado". O primeiro termo aplica-se sempre que a identidade de um e um só locutor é estabelecida de forma inequívoca e inclui todas as formas-padrão de discurso direto e indireto.

Golomb apresenta uma taxonomia de técnicas e funções do "Discurso Combinado", baseada em uma análise da estória de S. J. Agnon "Um Rosto Diferente". Pode-se identificar o "Discurso Combinado" sempre que a voz narradora exprime ou implica atitudes e normas incompatíveis com as expressas pela mesma voz no relato como um todo. Em casos mais complexos, a presença de "Discurso Combinado" fica assente mediante vários padrões de analogia, como palavras, imagens, símbolos recorrentes, e coisa parecida. O artigo salienta a importância da ordem em que os elementos da estória aparecem no texto.

"Discurso Combinado" é uma técnica importante na prosa de Agnon. Produz efeitos como *a*) controlar as atitudes do leitor para com as personagens e eventos e *b*) refletir o grau de consciência de uma personagem.

Trata-se de uma técnica quase sem rival como artifício efetivo para colocar o leitor diante de estados de espírito semiconscientes ou quase conscientes. Ao contrário do sumário narrativo ou do discurso indireto, pode refletir os ritmos e processos dinâmicos da mente da personagem; ao contrário do discurso direto, é capaz de fazê-lo sem implicar no fato de que a personagem atingiu um grau de consciência que torna possível a verbalização.

Em um estudo pormenorizado do narrador-autor do romance de Agnon *Hóspede por uma Noite* (80), Gershon Shaked mostra como o narrador dramatizado neste romance semiconfessional constitui um pré-requisito para a realização do conteúdo; a técnica de dar evidência desenvolve o tema central — o valor moral da atitude estética. Descrevendo os meios pelos quais o narrador revela a sua presença na estória, Shaked indica as funções retóricas, temáticas e estruturais de fórmulas de linguagem repetitivas, como "O que devo dizer primeiro e por último?", "Entre nós dois", e assim por diante. Uma classe especial de fórmulas — referindo-se ao próprio narrador na terceira pessoa — é analisada como um dos meios pelos quais Agnon cria uma tensão irônica entre o "superego" observador e o "ego-vítima" observado.

Outra espécie de tensão irônica entre o modo como o narrador vê a si mesmo e o modo como é visto pelo leitor, com uma tensão resultante entre a estória tal como é contada e como é compreendida, é demonstrada por Gideon Shunami (87). Ele mostra como o ponto de vista no *Morro dos Ventos Uivantes,* ao contrário do juízo crítico geral, resulta de uma combinação dos pontos de vista de dois narradores indignos de confiança — Nelly Dean e Mr. Lockwood — que remoldam o curso dos acontecimentos em conformidade com o respectivo modo de ver subjetivo e limitado. É o fato de não serem dignos de confiança, mais do que a estabilidade e a normalidade, que aumenta a credibilidade interna da estória.

Arnold Band compara os narradores de dois proeminentes romances hebreus modernos. Ele emprega o conceito de W. Booth sobre o narrador em que não se pode confiar para lograr melhor compreensão dos romances e utiliza a análise das obras como meio de examinar e clarificar o conceito.

3. POESIA

**DESCRIÇÃO COMO TRAÇO DOMINANTE
E OS SUBGÊNEROS DO POEMA LONGO**

Em vários artigos e em um livro sobre o Idílio, Joseph Haephrati desenvolveu modos de analisar a estrutura de poesias descritivas, especialmente a organização de longas passagens e sua interação no poema longo.

Haephrati (30) estende-se nos dois procedimentos necessários para a discussão de um poema: interpretação e descrição. Artifícios artísticos num texto literário podem ser discutidos em termos de dois critérios: 1) a contribuição de artifícios específicos para a formação de um "mundo" ficcional e 2) o valor inerente, autônomo de tais artifícios. O primeiro é apreensível na estrutura de um único texto, o segundo com respeito a um sistema literário. A fim de ser válida, uma interpretação deve depender de uma descrição somente do primeiro. Uma descrição feita assim impede interpretações arbitrárias.

Poderia parecer que a primeira abordagem emprega quaisquer materiais e padrões lingüísticos e não-lingüísticos do poema. Entretanto, há uma clara hierarquia de artifícios em sua contribuição ao "mundo" de um poema individual. Assim, a organização do nível sonoro — em metro — parece estar menos imediatamente relacionada ao "mundo" de um poema longo do que a moldagem do nível semântico. Tal descrição hierárquica dos artifícios serve como fundamento para a nova interpretação de Haephrati no tocante ao famoso *poema* de H. N. Bialik (1873-1934), "Os Mortos do Deserto" (1902).

Em função desta interpretação, Haephrati redefine os subgêneros do *poema* (um poema longo, conforme a tradição russa). O subgênero do *poema* é determinado pelo princípio central segundo o qual os pormenores da realidade representada estão organizados em uma unidade plenamente integrada. Em "Os Mortos do Deserto", tais detalhes não são integrados por meio de uma estrutura temporal, como sucede num *poema* narrativo, nem evocam um mundo pessoal de um herói ou um poeta como fazem num *poema* lírico. O traço fundamental do texto é a descrição de uma realidade externa estática: os mortos que jazem sobre a areia. Por conseqüência, pode-se classificá-lo como *poema* descritivo.

O subgênero do *poema* descritivo também é reconhecível em pequenos detalhes. Por exemplo, a descrição da noite enluarada em "Os Mortos do Deserto" difere da descrição de uma cena similar em "O Tanque" de Bialik, que é um longo poema lírico-meditativo. Em cada obra, a descrição tem dupla função; pinta uma paisagem externa, ao mesmo tempo que expressa simbolicamente um estado de ânimo ou meditação humana. A diferença entre as duas espécies de poema reside no fato de que em "Os Mortos do Deserto" *podemos* atribuir um significado simbólico à descrição do deserto, mas *temos* em todo caso de tomá-la literalmente, vale dizer, somos obrigados a encarar a descrição como representadora de uma paisagem externa real. Em "O Tanque", de outro lado, *podemos* considerar a descrição como representadora de uma paisagem externa real, mas *temos* de concebê-la como simbólica ou como expressando a impressão imaginária do observador.

A concepção genérica da obra é examinada primeiro em uma passagem de descrição direta: os mortos do deserto na primeira estrofe. A descrição sugere duas possibilidades diferentes de reagir a estes mortos: eles são ou gigantes adormecidos que ameaçam acordar ou monumentos de criaturas que viveram e atuaram no passado e nunca mais hão de acordar de novo. As duas impressões são evocadas simultaneamente e é impossível decidir entre elas. A dúvida constante que o texto suscita quanto ao modo de existência de uma e outra atrai a atenção para a concretitude de ambas. A rede de conotações, tornando-as ainda mais vívidas, também atua através das estruturas sintáticas, de sinônimos e analogias, de catálogos e símiles.

O texto representa não somente pormenores de paisagem e homens num espaço aberto, mas também uma série de ocorrências relacionadas com os mortos do deserto (o aparecimento dos animais; a tempestade; a caravana e os cavaleiros). O forte elemento dramático (à cuja luz o aparecimento dos animais do deserto é captado como um preparativo para o grande choque, a tempestade — como clímax patético da obra; e o subseqüente silêncio — como uma resolução trágica) é intencionalmente formado; mas existe, de fato, apenas no leitor e não no mundo dos sucessos representados. Estes não seguem uns aos outros, nem são contínuos; não são sequer ligados. Portanto, não podem ser considerados como dramáticos. A natureza episódica da ação neste *poema,* em última análise, transforma também o elemento dramático em uma técnica indireta de representação.

O mesmo é verdade em relação ao uso de elementos míticos. A descrição da tempestade, por exemplo, pode ser vista como uma representação da rebelião de um "deserto" mítico contra Deus. Houve críticos, na realidade, que interpretaram a obra em questão como um *poema* simbólico-mítico. De outro lado, é dado encarar o mesmo fenômeno sob o ângulo de uma tempestade de areia inteiramente realista. A escolha entre os dois modos cabíveis de compreender o texto deve ser feita de acordo com o princípio de coerência. A possibilidade de considerar a tempestade de areia em termos realistas é amparada pelo conjunto do material lingüístico a compor a descrição, ao passo que a percepção da outra potencialidade vem carregada de contradições e não se consegue integrá-la. Os elementos míticos constituem, portanto, técnicas indiretas de descrição, ainda que sejam relativamente autônomos na obra.

O emprego de elementos míticos revela a combinação de duas tendências na organização deste *poema:* a "concepção genérica" do *poema* descritivo é discernida no uso destes elementos como técnicas indiretas de descrição; ao passo que a "concepção estética" da poesia pós-romântica de Bialik, que favorece a ativação de conotações, é discernível na relativa autonomia que essas imagens gozam.

"DESCONEXÃO" COMO PRINCÍPIO COMPOSICIONAL DO IDÍLIO MODERNO

O livro de Haephrati sobre *O Idílio de Tchernikhovski* (34) contém uma descrição pormenorizada dos princípios estruturais do gênero (idílio), bem como perspectivas comparativas e históricas sobre seu emprego específico por Tchernikhovski. O fenômeno da *desconexão* —

a combinação frouxa de elementos que é típica da poesia pastoral e pela qual (ao contrário da épica) nenhum elemento conquista uma significação dominante — é apontado como sendo um princípio composicional básico em todos os poemas de Tchernikhovski que projetam a experiência idílica.

Haephrati mostra que a representação dos idílios não implica, sempre como na poesia bucólica clássica (Teócrito) e neoclássica (Gessner), uma descrição direta de permanência e calma. O idílio de Tchernikhovski encerra elementos heterogêneos, alguns dos quais não-idílicos por natureza.

Tchernikhovski emprega com parcimônia a descrição direta de uma existência idílica. Os elementos de narrativa contêm movimento, mudanças, surpresas, e é a composição específica que produz a representação indireta de um padrão idílico. Este modo particular de organização caracteriza-se pela existência de muitos quadros de referência em um poema, ao passo que é impossível organizar todas as partes do poema dentro de um quadro de referência. Os detalhes são relacionados à existência idílica no plano de fundo, sempre que seus laços com outros elementos são enfraquecidos. A "desconexão" é assim o princípio composicional básico que aparece em várias formas.

Haephrati mostra como essa relutância em adotar um quadro de referência que inclua tudo, explica por que o idílio individual não tem "significado" específico e por que um idílio nunca pode ser ou um veículo meditativo para expressar a luta emocional de um herói ou um meio de crítica social.

O princípio da desconexão pode resultar num uso mínimo de padrões de ligação, como em Teócrito, e então se considera a estrutura como algo a prenunciar falta de artifício. Tchernikhovski, entretanto, defronta-se com exigências contraditórias. A noção romântico-moderna de unidade orgânica demanda um grau máximo de organização e ligação de pormenores, de acordo com o qual cada detalhe alcança seu significado a partir de seus laços contextuais. O princípio de desconexão, de outro lado, pede abstenção de um quadro de referência abrangente e requer uma estrutura em que todo detalhe adquira significado através de seu contato com uma existência idílica e do afrouxamento de seus laços contextuais. A necessidade de sustentar estas duas tendências opostas dita a complexidade e variedade do idílio em Tchernikhovski.

COMPOSIÇÃO DE POEMAS LONGOS MEDIEVAIS

Dan Pagis (66) descreve os complexos princípios composicionais que determinaram a natureza dos gêneros poéticos na poesia hebraica medieval. Sua análise baseia-se num estudo da poética de Moisés ibn Ezra (c. 1055-1138), um poeta e teórico hebreu da Península Ibérica. Pagis mostra que há duas espécies de composição: uma estrutura "simples" em poemas curtos e outra "complexa" em poemas longos. Um poema longo de qualquer gênero é construído como uma seqüência de partes independentes que são idênticas às estruturas "simples". Todo gênero requer semelhante seqüência de partes predeterminadas, a maioria das quais aparece na mesma ordem em todos os poemas do gênero (de um modo bastante parecido à maneira como as "funções" de Propp se ordenam num conto folclórico).

Os gêneros da poética hebraica medieval eram em geral classificados de forma temática: nênias, canções de vinho e amor, etc. Pagis mostra que todo gênero "simples" tem sua própria "atitude" fixada, como: enunciação impessoal de verdades universais ou expressão subjetiva de experiências pessoais. A "atitude" determina a escolha da primeira ou terceira pessoas, o modo e tom de representação, artifícios formulísticos e imagística poética. Motivos e imagens convencionais, aparentemente idênticos, são radicalmente diversos quando governados por diferentes "atitudes". O "tempo" personificado em um poema meditacional representa a indiferença da lei universal, ao passo que, em um "lamento" subjetivo, a mesma "persona" convencional torna-se o destino do locutor, seu inimigo pessoal.

As estruturas complexas são edificadas com várias e distintas secções autônomas, que podem ter "atitudes", temas e características de estilo diferentes mas convencionais. Uma destas secções converte-se no "núcleo" dominante, determinando o gênero "oficial" do poema inteiro. Assim, uma nênia típica consiste de: 1) uma descrição de pesar expressa em termos pessoais, a qual, por ora, não revela sua motivação específica (esta secção corresponde a poemas independentes de queixa); 2) *sentenças* universais e impessoais sobre o destino do homem (correspondendo a poemas independentes de sabedoria); 3) o verso-transição; 4) um elogio expresso em termos impessoais (sobre o morto, mas correspondente ao elogio endereçado a uma pessoa viva no panegírico); 5) um lamento pelo morto, uma descrição de lamentação, etc. — o "núcleo" da nênia; 6) a consolação dos pranteadores; 7) *sentenças* impessoais (como na secção 2 e correspondentes a poemas de sabedoria) que justificam a consolação; 8) um sumário dessa justificação escrita na primeira pessoa; 9) bênçãos dos mortos e enlutados.

A independência de várias secções pode ser demonstrada de modo bem claro, isolando-se as sentenças, por exemplo, de uma nênia (secções 2 e 7) e comparando-as com poemas sapienciais. Muitas vezes seria impossível distinguir entre os textos que servem como secções subordinadas num padrão complexo e aqueles que se apresentam como poemas (de um gênero diferente) completos e independentes.

Depois de estabelecer a autonomia, bem como a ordem das unidades típicas dos principais gêneros, Pagis salienta os artifícios unificadores dos poemas complexos, tais como o metro determinado ou a rima única que corre através do poema inteiro. A combinação ou justaposição das várias secções cria tensões ou contribui para a complexidade do poema. Trata-se, porém, de um todo arquitetônico mais do que "orgânico".

COMPOSIÇÃO SEMÂNTICA DE POESIA LÍRICA

Uma análise cabal de poemas em que os significados e as funções mutantes exigem uma total reintegração do material semântico é realizada por M. Perry (73, 74). Ele mostra que a "inversão do poema" é um dos princípios composicionais centrais de Bialik — governando quase um quarto do número total de seus poemas — e arrola as características comuns do tipo:

1. A seqüela ou fim do poema invertido cancela o significado que o leitor ligou à primeira parte do poema; a necessidade de integrar o novo material comunicado após o início do poema força-o a modificar sua interpretação inicial daquela parte.

2. As implicações da nova interpretação são diametralmente opostas às da anterior.

3. A interpretação errônea do leitor quanto ao começo do poema não é um engano temporário da primeira leitura. O poema invertido induz ativamente o leitor ao erro e os expedientes empregados com o propósito de desencaminhá-lo podem ser apontados.

4. De outra parte, o poeta sugere sutilmente desde o começo o verdadeiro tema do poema invertido. A tensão entre 3) e 4) constitui um dos princípios composicionais desses poemas.

5. A inversão que ocorre organiza a composição do conjunto do poema e não se pode considerá-la meramente como uma técnica local.

A técnica do poema invertido baseia-se num jogo dinâmico de tensão entre significados (tanto primários quanto secundários) através de todo o *continuum* da obra. A composição semântica deliberadamente mutante do poema invertido, que impede o leitor de alcançar o significado pleno ou final da obra em um simples olhar rápido, desautomatiza a percepção do leitor e a intensifica, forçando-o assim a prestar atenção e deter-se nos matizes da obra, ou simplesmente obrigando-o a *ver:* No quadro da literatura hebraica moderna, o artifício é especialmente funcional como meio de trazer à tona um novo mundo poético de um outro que é velho. O extremo contraste entre dois conjuntos de significado no poema invertido, entre a primeira leitura e a leitura final, deriva não só de seus significados e implicações diametralmente opostos, mas também de suas contrastadas naturezas poéticas e maneiras de representação na linguagem e através dela. As inovações de Bialik em matéria de linguagem, técnica e temática poéticas são iluminadas e enfatizadas devido ao fato de terem sido suscitadas de seus contrastes estereotipados e fixados em convenções. A primeira parte do poema invertido de Bialik parece lidar com uma situação, locutor, protagonista ou tema dos mais convencionais, mesmo banais, de uma maneira tradicional e com frases feitas. Mas os materiais batidos, simplificados, e sua apresentação convencional convertem-se de repente em uma situação altamente complexa ou uma concepção sumamente não convencional de um tema ou de um tema bastante novo. As frases convencionais desfazem-se em componentes literais e criam significado ambíguo.

R. Kritz (53) mostra que até uma poetisa como Raquel (1890-1931) (a "Akhmatova israelense"), comumente louvada pela simplicidade prosaica de sua obra, utiliza estruturas complexas e poemas "invertidos". Ele analisa dez poemas em que o paralelismo contrastado constitui o princípio estrutural básico. Entretanto, existe sempre algum elemento que esconde, enfraquece ou até contradiz esses paralelismos contrastados. O tema de um tal poema não é portanto idêntico nem a um dos constituintes nem ao próprio paralelismo. Kritz analisa dez outros poemas a evidenciar um princípio estrutural diferente que conduz a uma inversão ou pelo menos a uma modificação do significado: o desenvolvimento de um símile central através da compreensão, motivação e dedução, que procede por "lógica" não convencional.

Captações da estrutura de uma poesia lírica são abundantes nas interpretações de poemas específicos. Golomb e Tamir (29) apontam o contraste como fator estrutural básico em um poema de N. Alterman (1910-1970). Descrevem padrões contrastantes, bem como padrões apoiados em contraste que opera em todas as camadas do poema, desde paradoxos e oximoros locais até atitudes, idéias e temas conflitantes. O contraste e a contradição no âmago de todo o mundo conceitual de um poema dita uma elaborada técnica retórica necessária à criação de um mundo ficcional coerente.

Haephrati (33) discute o choque entre duas tendências contraditórias na primeira fase da poesia de Alterman. Enquanto que ao nível temático o poeta persegue infatigavelmente as manifestações concretas e tangíveis de existência, ao nível estrutural e através da linguagem poética há um constante salto do concreto para o abstrato e uma contínua ruptura no padrão de imagens realistas. Como resultado, a unidade do poema é de tom e atmosfera mais do que de situação e idéia.

4. DRAMA

Por falta de espaço, mencionaremos aqui apenas contribuições à poética do drama. A poética da tragédia, de Dorothea Krook, apareceu primeiro em *Ha-Sifrut* (54) e foi mais tarde publicada como parte do livro de sua autoria *Elementos da Tragédia*. A publicação da versão hebraica deste livro levou Meir Sternberg (92) a uma análise cabal da relação entre as definições estruturais e temáticas da tragédia.

Shaked (82) dedicou vários capítulos de seu livro ao estilo e à poética do drama histórico hebraico.

Shmeruk (85) examina cinco versões da peça para uma análise da história de *À Noite no Mercado Velho,* de Peretz. As mudanças na composição da peça, de versão para versão, refletem as mudanças na ideologia de Peretz bem como na sua concepção do drama. Isto também se tornou um capítulo do livro.

Even-Zohar (13) tentou estabelecer uma teoria do tempo no drama, ao analisar *O Pai* e *Uma Peça de Sonho,* de Strindberg.

5. FOLCLORE

Heddy Jason (52) publicou um abrangente estudo crítico sobre a abordagem de V. Propp e outros formalistas russos, bem como de seus seguidores e críticos ocidentais, no tocante à literatura oral. Jason aponta as fontes da obra de Propp nos escritos de V. Chklovski, A. Skaftimov, R. Volkov e especialmente A. G. Nikiforov. Os seguintes conceitos foram colhidos por Propp na obra de seus predecessores:

a) A distinção entre dois níveis de análise na literatura oral: o nível abstrato de estrutura e o nível concreto de contexto.

b) A convicção de que todo texto narrado de um conto folclórico é por si só uma obra de arte, construída de acordo com as regras da estrutura artístico-literária específica e não é nem uma variante corrupta de um certo original antigo nem um conglomerado casual de motivos.

c) A postulação de duas unidades básicas para a análise da estrutura do conto: o papel narrativo e sua ação, a função.

Propp simplificou seu esquema atalhando o método de seus predecessores de postular diferentes espécies de papéis e funções narrativas e diferentes espécies de contos de fada.

Às idéias de seus predecessores, Propp acrescentou uma distinção nítida entre estrutura textual e estrutura narrativa de enredo, uma distinção que todos os outros deixaram de fazer. A diferenciação entre esses dois níveis na organização de um conto folclórico capacitou Propp a construir um esquema consistente para a estrutura narrativa de enredo de um certo gênero de literatura oral, isto é, o conto de fada.

Propp considerou seu esquema como válido para todos contos de fada na cultura russa e européia geral, e somente para estas (cobrindo enredos narrativos n.º 300-749 em A. Aarne e S. Thompson, *The Types of the Folktale*). Verificou-se, entretanto, que:

a) o esquema de Propp pode também se aplicar à análise de contos de fada não-europeus e que canções épicas são passíveis de análise similar;

b) o esquema de Propp não se ajusta a todo tipo de contos de fada, mas apenas ao conto de fada "épico", que narra as aventuras de um herói em busca de uma noiva. Esta categoria de contos de fada é a que mais se aproxima das canções épicas.

Nas obras de seus predecessores, Propp encontrou duas abordagens à análise estrutural de um enredo narrativo: a) a taxonômica estática (Skaftimov, Volkov) e b) a generativa (Nikiforov). Ele optou pela primeira, provavelmente por causa de seus interesses basicamente histórico-filológicos.

Jason sustenta que a escolha por Propp da abordagem taxonômica influenciou a obra de seus seguidores no Ocidente, "impedindo assim o desenvolvimento de estudos estruturais na literatura oral". Em retrospecto, Jason fixa dois pontos de vista diferentes a respeito da literatura oral:

a) a análise estrutural do enredo narrativo na literatura oral é vista como uma ferramenta que serve às necessidades da análise comparativa e histórica. Ele define unidades comparativas na literatura oral. Este ponto de vista utiliza a análise estrutural taxonômica;

b) o enredo narrativo é discutido dentro do esquema da análise estrutural das outras formas de comportamento verbal. Representantes deste ponto de vista advogam uma abordagem generativa.

Jason defende a concepção de que os problemas de gênero e narrativa na literatura oral não podem ser resolvidos independentemente de uma análise estrutural destes problemas no campo literário.

Beatrice Silverman Weinreich (97) investigou a estrutura formal de trezentos provérbios em ídiche. Não é possível encontrar nenhum critério singular de qualquer espécie — gramatical, semântico, rítmico ou outro; mas há um conjunto de feições típicas que aparecem em várias combinações. Evidencia-se que cada provérbio compreende pelo menos dois marcadores gramaticais (verbo nômico e sujeito genérico ou abstrato), às vezes embelezados por traços gramaticais suplementares (paralelismo sintático, ordem enfática de palavra, elipse do verbo). Cada provérbio, além do mais, contém pelo menos um traço semântico distintivo (metáfora, paradoxo, contraste agudo ou surpreendente) e possui em geral pelo menos um artifício fônico (rima, assonância, consonância, aliteração, metro). Assim, um gênero não é definido em termos de um atributo estável mas em termos de um conjunto de atributos cambiantes, alguns dos quais pelo menos têm de aparecer em cada texto separado.

6. ESTILÍSTICA

**POLISSISTEMA E A LINGUAGEM DA LITERATURA
EM CONDIÇÃO DE DIGLOSSIA**

Itamar Even-Zohar (14) examina algumas pressuposições relativas à linguagem da literatura, analisando a maneira como ela funciona na literatura hebraica, sobretudo no século XIX. Seguindo os formalistas russos e o estruturalismo tcheco, Even-Zohar pretende que o principal traço da linguagem da literatura reside na tensão entre linguagem automatizada de uma comunicação comum e sua desautomatização. A linguagem é um polissistema, onde todos os sistemas que a formam em parte se sobrepõem e portanto nunca são totalmente independentes um do outro. Entretanto, para a eficiência máxima da comunicação ordinária, cada um desses sistemas tende a tornar-se altamente convencional. A linguagem da ficção literária é — em diferentes graus, dependendo dos períodos — "usurpadora" no sentido de que atravessa todos os sistemas, explorando assim ao máximo os diferentes recursos de uma dada língua. A natureza do polissistema em uma dada língua — seus recursos, modo de existência e a inter-relação entre os sistemas — controla portanto o modo como a língua funciona.

Even-Zohar descreve o estado da língua hebraica no século XIX como um estado de diglossia. Define a diglossia como "uma situação em que diferentes línguas (e dialetos) funcionam como se fossem sistemas diferentes dentro do polissistema da mesma língua". Daí o fato de que "uma língua dentro de uma diglossia é uma língua que funciona como um (ou parcial) sistema lingüístico dentro de um polissistema onde outras línguas (ou dialetos) também funcionam". Uma língua clássica morta utilizada como a única (ou a principal) língua literária de uma certa comunidade constitui um tipo de diglossia e o hebraico é um dos casos mais difíceis e interessantes.

O autor examina o problema de uma literatura que tem de ser criada numa língua cujo polissistema é defectivo. Mais especificamente: como foi que os escritores hebreus conseguiram vitalizar uma língua como língua literária quando carecia não apenas dos necessários itens léxicos, mas também das reações contrastantes do polissistema, que formam os pólos estilísticos e semânticos no âmbito de uma dada língua?

Even-Zohar descreve e ilustra quatro vias pelas quais a literatura hebraica compensou as deficiências de seu polissistema lingüístico: 1) uso direto da outra língua no mesmo polissistema "falso"*; 2) uso de *decalques* das outras línguas no mesmo polissistema falso; 3) sincronização de fases diacrônicas do hebraico com o fito de criar um pseudopolissistema; 4) uso de colocações tiradas da literatura antiga. Estes modos de compensação aparecem em várias combinações, nunca isolados. Com-

---

* Polissistema «falso» — um substituto oferecido por Even-Zohar (17) para «diglossia» por causa dos usos específicos desta última em lingüística moderna. Ver Wexler (99).

binações específicas e hierarquias variáveis são típicas de escritores, tendências e períodos. No entanto, não estão fixas nem sequer dentro de um texto e os artifícios de compensação em uma passagem descritiva hão de diferir dos que se apresentam num diálogo.

A necessidade de empregar técnicas de compensação pode tornar-se uma vantagem mais do que um obstáculo para o escritor. Ele pode explorar as potencialidades daquilo que é por definição essencialmente "estranhado" e desautomatizado, ou pelo menos intocado de maneira significativa pelo desgaste comunicacional diário. Alguns autores, como o ganhador do Prêmio Nobel, S. J. Agnon, apegaram-se à vantagem artística que a diglossia implica e não renunciaram às técnicas de compensação, mesmo depois que o hebraico se tornou um polissistema vivo plenamente desenvolvido.

Tendo assim substanciado a pretensão de que a linguagem da literatura é uma espécie de sistema lingüístico condicionado, operando em circunstâncias das mais diferentes, Even-Zohar acentua que a descrição de uma literatura no âmbito de um polissistema lingüístico defectivo não esgota a gama de problemas com que ele realmente se defronta. Em regra, tal situação interage com um paralelo polissistema literário e cultural defectivo. Uma cultura completa o sistema que lhe falta (em matéria de *status* literário, referências composicionais e temáticas, etc.) colocando sua literatura como um constituinte em um falso polissistema literário.

Em resposta ao artigo de Even-Zohar (14), Paul Wexler (99) discute a diglossia do ponto de vista lingüístico, relacionando-a à padronização da linguagem e ao purismo. Restringindo o uso do termo às situações intralinguais, Wexler oferece bases para uma tipologia da diglossia. Ele descreve de maneira algo detalhada, com exemplos principalmente do árabe e do ucraniano, o processo de padronização de uma norma escrita com a concomitante abertura e fechamento da referida norma. O purismo desempenha duplo papel nas situações diglóssicas: 1) manutenção da diglossia pela proteção à norma escrita contra intrusões dos dialetos; 2) assistência na resolução da diglossia capacitando a norma falada a deslocar a norma escrita prévia em suas funções.

Conseqüentemente, uma descrição de qualquer situação diglóssica deveria responder às seguintes perguntas:

1. Qual é o grau de conversibilidade entre as normas (isto é, capacidade de "coloquializar" a norma escrita e "classicizar" a norma falada)?

2. Qual é a direção das influências entre as normas (isto é, uni ou bidirecional; abertura e fechamento; presença de purismo)?

3. Qual é a estabilidade das relações diglóssicas (isto é, tendências para a resolução; formas de resolução; estádios incipientes ou terminais de diglossia)?

4. Foi a criação ou a resolução da diglossia espontânea ou planejada?

5. É a diglossia plena ou parcial (isto é, grau de distribuição complementar de funções; extensão geográfica da norma escrita; carga da diglossia sobre diferentes setores da comunidade lingüística)?

6. Que meios são usados para manter a diglossia (isto é, impacto diferencial de influências de fora e/ou diferentes fontes não-nativas de enriquecimento)?

7. Qual é a relação sociolingüística das normas (isto é, são as normas faladas vistas como "dialetos" da norma escrita codificada ou como "variantes funcionalmente definidas")?

8. É a diglossia acompanhada pelo bilingüismo?

LINGUAGEM NA LITERATURA

Vários artigos mais curtos, discutindo os estilos de autores individuais, ilustram a natureza da linguagem da literatura no hebraico moderno. Maya Fruchtman (23) mostra como atitudes ambivalentes de um autor para com a complexa herança de uma língua se expressa em seu modo de escrever. Ela se preocupa com o uso de colocações e meias frases de textos mais antigos. Essencialmente, as referências explícitas do autor (A. Megged) ao caráter involuntariamente alusivo de palavras hebraicas é um "desnudamento" de alguns dos artifícios de compensação descritos por Even-Zohar (14, 16).

Em um artigo intitulado "Da Linguagem das Fontes à Linguagem da Arte" (3), Ya'akov Bahat delineia o processo de transmutação de uma linguagem das fontes históricas para a literatura moderna (a funcionalização literária da língua) nas obras do escritor hebreu H. Hazaz. O uso de expressões "ligadas"* derivadas de fontes antigas — como estereótipos estilísticos ou em combinação e justaposição com idiomatismos modernos — cria uma

---
* Formas que nunca aparecem sós. (N. do T.)

densidade semântica que se caracteriza principalmente por contraste e resulta em sério choque no nível temático.

Boaz Shakhevitch (84) mostra o que leva um idiomatismo altamente "poético" (floreado, alusivo, amiúde supérfluo) a tornar-se pomposo e objetável para o leitor. Ele traça a origem de tal maneirismo lingüístico em hebraico (a *melitza*) ao estado diglóssico da língua hebraica na Europa do século XIX. Os leitores da época, educados no uso predominantemente elevado do hebraico bíblico e não tendo experiência alguma do hebraico falado, eram incapazes de distinguir entre o impacto causado pela "coisa dita" e o impacto causado pela maneira com que a "coisa dita" é expressa. Por conseguinte, somente quando o hebraico voltou a ser uma língua viva puderam os leitores discernir e os escritores evitar impressões colidentes.

Joseph Ewen (20) trata da integração estilística de elementos heterogêneos como o diálogo — tomado como mimético e expressivo da personalidade dos protagonistas — e o idioma distintivo do narrador. Ele mostra como S. J. Agnon vaza o diálogo na linguagem de seu narrador, sem levar em conta a origem, o *status* e a educação das personagens. Distinção entre locutores é criada por meio de ligeiras ênfases, pessoais e emocionais, que não rompem a homogeneidade do estilo do autor.

Ewen distingue dois tipos de diálogo na obra de Agnon: 1) o estilo popular, folclorístico da lenda, mostrado graficamente no texto e acompanhado de frases identificadoras ("ele disse"); 2) o tipo complexo, mais freqüente, em que o discurso do herói é absorvido pela narrativa sem qualquer indicação formal. O primeiro tipo, embora dramático na forma, é vago na obra de

Agnon. Seu uso não tem significação. O segundo tipo, embora dependendo primordialmente dos esclarecimentos do narrador, é muito mais intenso e significativo. Este fenômeno foi discutido por H. Golomb (26) sob o nome de Discurso Combinado.

Shimon Shur (83) estuda o emprego literário da língua no neologismo. Emprega o diferencial semântico como base para medir a riqueza conotativa (no contexto imediato) dos neologismos em comparação com seus sinônimos estereotipados, examinando ao mesmo tempo a qualidade denotativa — o grau de compreensibilidade — e sua correlação com a função dos neologismos como artifício estilístico.

O PROBLEMA DA "LINGUAGEM DA POESIA"

Dentro do campo mais amplo da linguagem literária, a linguagem poética atraiu especial atenção em Israel, como algures. Um apanhado crítico das recentes abordagens desta última é oferecida por Tanya Reinhardt (76). Questionando o valor de uma discussão relativa à existência de uma tal linguagem, o autor prefere concentrar-se em problemas metodológicos: Qual a melhor maneira de lidar com enunciações existentes na poesia? Devemos considerá-las como enunciações em uma linguagem especial, requerendo uma gramática própria, ou devemos tratá-las com os métodos usados para todas as enunciações na língua?

O apanhado revela a inadequação da maioria dos modelos existentes e propostos, quer partam dos elementos gramaticais menores e caminhem para a estrutura temático-semântica do poema ou vice-versa.

METÁFORA — DO PONTO DE VISTA DA FILOSOFIA DA LINGUAGEM

Avishai Margalith (59) discute a metáfora em termos de uma metalinguagem semântica das línguas naturais. Supondo que relações de significado cognitivo são, essencialmente, relações lógicas e, em particular, relações indutivas (probabilidades lógicas), o autor pretende identificar as *explicata* do conceito de significado com o conceito de relevância inicial positiva (de acordo com emprego feito por Carnap desta última noção): a introdução de probabilidades lógicas em uma metalinguagem semântica que admite apenas postulados dedutivos de significado.

O ponto de partida na construção da metalinguagem proposta é um *Gedanken-experiment* em que um sujeito X é apresentado com uma lista finita A de predicados, pertencente ao vocabulário V_L, que designam propriedades ou relações. Seja h a hipótese de que o predicado 'Q' é aplicável a um objeto y; seja e_o a evidência tautológica (um conjunto de postulados de significado no sentido carnapiano); seja $F_i(y)$ o fato de que a propriedade designada por F_i (F_i pertence à lista A) aplica-se ao objeto y. O sujeito X tem de indicar se o seu grau de crédito na hipótese h, dada a evidência tautológica e_o e a evidência particular $F_i(y)$, é maior do que, igual a ou menor do que seu grau de crédito em h dada apenas a evidência tautológica e_o. Em símbolos: X é perguntado sobre qual das seguintes três relações é válida:

a) $Cr_x(h, e_o \wedge F_i(y)) > Cr_x(h, e_o)$
b) $Cr_x(h, e_o \wedge F_i(y)) \simeq Cr_x(h, e_o)$
c) $Cr_x(h, e_o \wedge F_i(y)) < Cr_x(h, e_o)$

Caso a) seja válido, $F_i(y)$ é de *relevância inicial positiva* para h (com respeito a X) e F_i é um *constituinte de significado* de 'Q' (com respeito a X). Assim, o conjunto A dado de propriedades e relações produzirá um subconjunto A' que inclui todos os predicados a designar propriedades que, para X, são relevantes de início positivamente para h (isto é, que são constituintes no significado de 'Q'), dada a evidência e_o. Neste conjunto A', uma relação de ordem parcial será imposta pela união das relações "mais relevante do que" e "igualmente relevante para". Desta maneira, o conjunto A' será ordenado como uma *seqüência a*, que será denominada *a seqüência (constituintes) de significado* de 'Q', ou *a seqüência mãe* de 'Q'. Se na seqüência mãe a houver algumas propriedades incompatíveis, um conjunto de seqüências derivadas será gerado a partir de a de maneira que em cada uma delas haja apenas uma de cada conjunto de propriedades incompatíveis, de modo que é preservada a ordenação relativa original entre todas as propriedades.

Recorrendo ao minucioso aparato que construiu, Margalith define uma série de relacionamentos básicos (por exemplo, homonímia, polissemia, hiponímia, etc.) e propõe uma explicação de significados primários e secundário. Ele vê a chave da natureza da metáfora no relacionamento entre a seqüência de significado de um dado predicado quando isolado de todos contextos lingüísticos e a seqüência de significado do mesmo predicado quando recebe uma certa ambiência lingüística como evidência ulterior. A adição da ambiência lingüística, no caso da metáfora, muda radicalmente a seqüência de significado. Há também sugestões para o manejo de alguns dos constituintes de significado não-cognitivos.

O processo de prover uma interpretação é descrito como sendo essencialmente o processo de apagar alguns constituintes de significado da seqüência de significado de um termo isolado à luz de uma evidência ulterior concernente a uma ambiência lingüística em que o termo ocorre; isto elimina a necessidade de regras combinacionais.

A METÁFORA MEDIEVAL — UMA ANÁLISE LITERÁRIA

De um ângulo totalmente diverso, a metáfora é discutida como parte da textura figurativa e retórica da poesia hebraica secular no medievo espanhol. Dan Pagis apresenta a doutrina geral subjacente à dicção poética — a dicotomia forma-conteúdo — tal como formulada por Moisés ibn Ezra (1055?-1135?) em seus tratados teóricos. A *Hagiga* (isto é, realidade tal como é percebida pela mente ou pelos sentidos ou como é transmitida pela tradição) é expressa através do *muhkam,* ou seja, linguagem de acordo com as leis lógicas e empíricas. A poesia, entretanto, faz uso do *majaz,* linguagem figurativa, que não está sujeita a essas leis e é portanto imanentemente "falsa": "A melhor poesia é a mais fingidora".

A teoria da dicotomia forma-conteúdo é seguida e realizada na prática, manifestando-se em geral no uso que Ibn Ezra faz das imagens. De acordo com a prática poética de seu tempo e com a concepção aristotélica da metáfora, a imagística de Ibn Ezra funciona amiúde como um discurso enigmático, que possui, não obstante, um inambíguo significado subjacente. Algumas passagens nos panegíricos, por exemplo, são efetivamente apresentados como enigmas propostos pelo poeta, sendo a "solução" sugerida por meio de uma ou várias palavras-chave. Diferentes tropos exibem diferentes graus de "obscuridade": desde símiles, cujo significado é óbvio e explícito (aparecendo o teor junto ao veículo), através de metáforas cujo teor está por vezes apenas sugerido, até "frases enigmáticas" (o próprio Ibn Ezra o diz), que só podem ser explicadas após um exame cuidadoso do contexto mais amplo. Um artifício afim, a "maravilha fictícia", baseia-se na interação entre teor e veículo. A imagem (que seria fantástica se fosse apreendida literalmente) é apresentada como um milagre através do locutor que assume a postura de espanto simulado (falando, por exemplo, de uma taça de vinho, pergunta: como pode o gelo conter o fogo?).

Os princípios que fundamentam esses traços gerais da imagística manifestam-se também em modos tropológicos específicos. Ibn Ezra emprega, por exemplo, mais de 700 metáforas compostas de genitivos (*e.g.*, "mel de amizade", "pão de sabedoria" etc.), em que o primeiro termo (sempre um substantivo concreto) serve de material de imagem, enquanto o segundo (um substantivo abstrato) sugere o significado do composto todo (isto é, serve de palavra-chave). Tais compostos, que também podem aparecer em grupos ("a árvore do amor, crestada pelo fogo da traição, ainda florescerá na água da constância"), são às vezes enfatizados por meio da negação de uma expressão *literal* paralela ("pão de sabedoria, não de trigo"). Um artifício semelhante, usado por Ibn Ezra com mais freqüência do que por outros poetas de sua escola, é a negação parcial de um verbo metafórico (a pena corre "sem pés", o vento voa "sem asas").

A dicotomia forma-conteúdo, além de favorecer a tendência para a variedade, também leva a freqüentes deslocamentos e mudanças de material imagístico dentro de um só poema. Visto que o tema é considerado como independente de sua representação particular, pode ser apresentado através de numerosas imagens diferentes (*e.g.*, a donzela é uma esmeralda, uma gazela, a lua), cada uma das quais se liga apenas com o *tema* e não necessariamente com as outras imagens. A imagística não é combinada de modo orgânico, mas consiste de um certo número de pequenas unidades discretas. Em diferentes poemas sobre o mesmo tema, tais unidades repetem-se em seqüências diferentes e, por assim dizer, intercambiáveis.

Outra razão para os deslocamentos do material de imagem no âmbito de um único poema, (ou mesmo de uma secção de um poema) encontra-se nas relações entre os elementos de dicção (as "formas"). A despeito da notável abundância de imagens (tropos), elas estão freqüentemente submetidas a variadas figuras sintáticas, eufônicas e outras. Um dado material de imagem, ou mesmo uma metáfora, amiúde parece selecionado apenas com o fito de permitir que o poeta se entregue a trocadilhos, enumerações, antíteses, etc.

IDIOMATISMOS E COLOCAÇÕES

Ao estudo da metáfora, relaciona-se o artigo de G. Toury e A. Margalith: "Sobre os Empregos Desviados de Colocações" (95). Definindo a colocação estatisticamente, ao nível da *parole,* os autores discutem colocações de construções tanto idiomáticas quanto não-idiomáticas (pertencendo a primeira ao nível da *langue,* uma vez que é definida semanticamente). O uso desviado de colocações é visto em sua relação a uma teoria da metáfora e à desautomatização em literatura, bem como à sua significação mais especificamente lingüística.

Uma colocação é composta dos seguintes fatores: 1) unidades léxicas que têm forma e significado — a categoria paradigmática; 2) estrutura — a categoria sintagmática; 3) contexto (tanto situacional "contexto", quanto lingüístico dentro da enunciação — "co-texto") — a categoria contextual. Desvio é qualquer emprego que fere pelo menos um destes fatores. Conseqüentemente, os autores classificam os desvios de acordo com a operação realizada sobre a colocação original (sintática, semântica ou contextual) e os fatores afetados. Assim descrevem: a) colocação "mal colocada"; b) concatenação de colocações; c) expansão de colocações; d) "dispersão" de uma colocação; e) alteração da ordem das palavras; f) "amputação"; g) engastamento de uma colocação dentro da outra; h) substituição de componente(s); i) transformações gramaticais (permissíveis e não permissíveis); j) decomposição de uma colocação em seus componentes; k) continuação de uma colocação; l) uso de uma expressão literal que tem um paralelo idiomático — não uma operação sobre uma colocação mas um uso especial.

Toury e Margalith discutem a seguir os elementos mínimos que uma colocação precisa reter a fim de ser reconhecida como um desvio. Na construção que efetivamente ocorre no texto deve haver elementos tanto do paradigma quanto da relação sintagmática na colocação. A ligeira preservação de uma dessas esferas precisa ser compensada pela preservação de um grande, ou distintivo, elemento da segunda esfera. O elemento paradigmático mais importante reside em geral nos sons das palavras e o fator sintagmático mais importante está na ordem dos componentes. Tanto o "co-texto" quanto o contexto podem ajudar ou interferir na percepção de uma dada construção no plano de fundo de uma certa colocação. Podem assim servir de fatores decisivos na determinação do relacionamento essencial entre as duas construções. Os autores então descrevem o *continuum* de relações possíveis entre a colocação desviada e a original em termos da funcionalidade dos elementos faltantes (modificados) e esboçam as possíveis funções dos usos desviados da colocação.

7. PROSÓDIA

Como explicamos na introdução, a prosódia hebraica, interessada primordialmente em métricas quantitativas medievais, era tradicionalmente de natureza taxonômica e prescritiva. A prosódia estruturalista enfrentou a riqueza de material interessante e intrincado na história da poesia através de tentativas de descobrir suas normas e sistemas. Esta direção foi primordialmente representada pelos estudos de B. Hrushovski.

Como muitos desses estudos foram publicados em inglês, limitar-nos-emos a mencionar de forma sucinta os principais pontos (os achados teóricos e metodológicos serão publicados algures). Em vários estudos, Hrushovski tratou da poética do verso livre. Em (42) foram esclarecidos pressupostos gerais da teoria do verso livre. Houve ênfase sobre a contribuição de fatores "não-rítmicos" (sintaxe, semântica, tom, gênero) ao impacto rítmico do poema. Em (41), sugeriu-se uma classificação estrutural para uma tipologia de ritmos livres, usando-se o material de uma literatura. Outro estudo (45) analisa o papel do conceito de "ritmo" na teoria da poesia expressionista. Foi proposta uma descrição estrutural para vários tipos de ritmo livre construídos "em dois andares", que aparecem na poesia de Whitman, Maiakovski e no poeta hebreu U. Z. Greenberg. Em todos os estudos citados, foi demonstrado que o termo negativo "verso livre" não tem sentido e que numa variedade de tais ritmos qualquer deles implica normas claramente definidas. É possível descrevê-las se renunciarmos à idéia de exigir números exatos e de achar os "limites da liberdade", bem como as configurações locais típicas. Um procedimento metodológico central consiste em apontar os empregos de vestígios métricos em ritmos livres modernos, que são "pós-métricos", enquanto opostos aos ritmos livres da poesia "primitiva" ou bíblica.

O problema da inter-relação de sistemas métricos, sobretudo os existentes na história de uma língua, bem como os casos de transição de um sistema para outro, preocuparam Hrushovski em vários outros estudos. Em (43) é analisada a criação dos metros rítmicos-silábicos na poesia européia. Um conjunto de condições similares verificou-se em diferentes línguas (tais como inglês, alemão, russo, hebraico) no período desta transição; o caso mais antigo de uma execução sistemática deste metro foi identificado em um romance ídiche escrito na Itália em 1508-1509. O poeta "descobriu" o metro rítmico-silábico através de um complexo processo de criação, ao adaptar um romance italiano, escrito em *ottava-rima* silábica, para uma língua de tradição rítmica alemã.

Um estudo altamente condensado das principais normas da rima hebraica nos últimos mil e quinhentos anos (48) mostrou que sua história é um "sistema de sistemas". Uma comparação pan-histórica indica como a mudança em um princípio de um certo período para outro é compensada por outras mudanças no sistema, com o fito de devolver o equilíbrio entre normas rímicas e o léxico de uma língua.

No curso da história do verso hebreu ocorreram quatro sistemas principais de rima. O *rimema* (todos os sons ou equivalentes de sons repetidos em todos os membros de uma rima) foi ligado ao acento ou terminal, ou contínuo ou descontínuo. Conseqüentemente, temos os seguintes quatro sistemas de rima (arranjados na ordem de seu aparecimento na história da poesia hebraica)*:

	A Norma	Exemplos
a) descontínuo-terminal	$N = R_1 + R_2 + CV\ (C)$	ZuReNU-ZaRateNU
b) contínuo-terminal	$N = CV\ (C)$	devaRIM-koRIM
c) terminal-rítmico	$N = \acute{V}C\ (\ )$ ou: $N_2 = C\acute{V}$	šELEG - pELEG
d) descontínuo-rítmico	$N = + C + \acute{V} + (\ )$	KoS haMÁIm-KSuMÁhI

A mais interessante é a rima "descontínua-terminal" desenvolvida nas formas estróficas da poesia litúrgica hebraica em Israel sob o domínio bizantino, nos séculos IV-VI. Neste sistema cada rimema tinha de satisfazer duas exigências: 1. paralelismo da sílaba final, partindo da consoante anterior à última vogal; 2. paralelismo de duas consoantes de radical. A segunda exigência podia ser satisfeita numa forma descontínua. Por exemplo, ŠaNIM — yeŠaNIM — ŠenuNIM — MeŠaneNIM, etc. (IM é um sufixo plural, S + N são consoantes de radical). Este sistema de rima baseava-se na natureza da palavra hebraica, que apresenta sufixos contínuos e raiz descontínua composta meramente de consoantes. Como a raiz de uma palavra hebraica não tem mais do que três consoantes, era extremamente difícil encontrar palavras rimadoras, especialmente porque havia de quatro a oito

---

* Os símbolos representam: N — Norma do rimema. C — Consoante. R — Consoante de radical quando necessário. V — Vogal. V́ — vogal acentuada. + — descontinuidade possível. ( ) — quaisquer sons que aparecem após a parte especificada.

ou nove membros de cada rima. Rimar tornou-se possível graças ao estilo "difícil" da poesia de Kalir, que de um lado acomodava um número quase ilimitado de neologismos e, de outro, abundava em alusões e elipses, que permitiam ao poeta introduzir palavras rimantes a partir de áreas semânticas muito distantes.

Seguindo os estudos de M. Zulay, J. Schirman e A. Mirsky (62, 63) sobre as origens da rima, Hrushovski mostra como o complexo sistema de rima nesta poesia litúrgica primitiva surgiu como parte de toda uma rede de paralelismos: semânticos, morfológicos, sintáticos, bem como de grupos de sons. Assim, pode-se mostrar que houve uma transformação desde o paralelismo semântico-sintático-rítmico bíblico de dois membros simétricos até a cadeia litúrgica de membros (vinte e dois como o total de letras no acróstico alfabético) e a rima de som autônoma. Parece que o princípio do rimar sistemático espalhou-se a partir daí — através da liturgia da Igreja Cristã e do latim — para as línguas vernáculas da Europa.

A rima descontínua, baseada na natureza descontínua do lexema hebraico, foi redescoberta na poesia modernista, influenciada por Maiakovski e Pasternak, embora desta vez a vogal acentuada fosse fixa e os sons terminais permanecessem livres.

Um estudo abrangente da história das formas poéticas hebraicas desde a Bíblia até os tempos atuais já está à disposição em inglês (49). Inclui soluções estruturais para uma série de problemas na teoria e história da prosódia. Devido ao fato de o hebraico haver incorporado em uma língua quase todos os sistemas conhecidos de metro e rima, o referido trabalho pode ser de interesse para os estudiosos de poética comparativa.

A sinopse pan-histórica mostra um paralelismo básico das normas da prosódia e das normas de rima. A base do metro hebreu moveu-se de grupos de frase através de palavras até sílabas e vice-versa, na seguinte ordem: 1) paralelismo de frase (metro rítmico livre na poesia bíblica); 2) número de principais acentos (metro rítmico regular da primitiva liturgia); 3) número de palavras (metro de palavra do *piyut* rimado); 4) número de sílabas + ordem das sílabas longas/curtas (metro quantitativo na poesia medieval); 5) número de sílabas (Itália); 6) número de sílabas + ordem de acentuadas/não-acentuadas (metro silábico-rítmico da poesia moderna); 7) número de acentos principais ("rede" rítmica modernista); 8) equilíbrio cambiante de grupos de frase (verso livre modernista).

As principais normas de rima mudaram de maneira paralela, embora não automática. Quando o metro dependia de palavras (3) ou acentos principais (7), o rimema era baseado na palavra toda; quando o metro era silábico (4, 5, 6), o rimema consistia de sílabas, terminais (4) ou acentuadas (5, 6) respectivamente; quando o ritmo se baseava numa interação de frases — em ambas as pontas desta história — a rima era espalhada, parte da orquestração de som.

Importantes descobertas sobre a história das formas da poesia litúrgica foram efetuadas nos escritos de E. Fleischer (21, 22), embora sua significação seja mais histórica do que estrutural. Outras contribuições para a prosódia devem-se a vários autores (6, 7, 63, 64, 68, 98).

8. TEORIA DO TEXTO LITERÁRIO

Itamar Even-Zohar (16) publicou um sistemático "escorço de uma teoria do texto literário". É uma teoria pormenorizada e rigorosa, escrita de uma forma tão compacta que seria impossível representá-la adequadamente neste curto espaço. Even-Zohar incorpora em seu quadro terminológico tanto os resultados dos estudos poéticos do grupo israelense quanto os recentes desenvolvimentos nas poéticas européias de orientação lingüística (sobretudo as contribuições russas e outras contribuições eslavas).

A teoria do *texto* literário é oposta a uma teoria do *sistema* literário. Não há motivo para pensar que existam peculiaridades essenciais por cujo intermédio os textos se distinguem. O fato de todos os textos pertencerem ao mesmo sistema semiótico, o lingüístico, torna óbvio que os princípios a operar dentro do sistema são aplicáveis a todos eles. Ainda assim, é claro que, em adição aos procedimentos comuns de decodificação lingüística, o leitor é forçado a decodificar relações textuais, que podem modificar a decodificação comum esteada tão-somente em procedimentos lingüísticos. Os componentes lingüísticos que participam das relações textuais são denominados *textemas*.

No âmbito de um texto, cabe distinguir três espécies de relações textuais: 1) *relações sistemáticas* — são as relações do sistema que se manifestam no texto (tais como oposição ou equivalência); 2) *relações sintagmáticas ou estruturais* — são relações características do *continuum* (tais como combinação, concatenação e ordem); 3) *relações matriciais* — são relações de componentes que dependem de suas respectivas posições. As relações 2) e 3) são denominadas *relações textuais apropriadas*. Todas as três espécies entram num sistema de inter-relações e apresentam transformações mútuas.

As relações textuais são organizadas hierarquicamente. Even-Zohar analisa as três principais concepções de hierarquia textual: uma que considera a hierarquia como sendo estática; outra que a considera dinâmica (*e.g.*, Tinianov mostrou como funções mudam de posições textuais no curso da história literária); e a concepção proposta pela Teoria da Informação, ou seja, de que só as unidades centrais contêm informação, ao passo que as periféricas são "redundantes". Even-Zohar assinala o fato (ignorado pelos ciberneticistas) de que no texto literário a função poética pode modificar inteiramente, ou reorganizar, a entropia e dotar partes "redundantes" de valor informacional, diminuindo assim sua redundância em graus variáveis.

Even-Zohar formula e analisa diversos tipos principais de relações textuais apropriadas. O primeiro tipo, *estruturação*, é definido como a possibilidade de combinar elementos no texto com base em suas relações. Essa possibilidade é sempre potencial e sua realização depende da estruturabilidade, mas, de outro lado, a estruturabilidade pode ser tanto reduzida quanto ampliada. Em princípio, então, não há elemento inestruturável num texto, mas sem dúvida há elementos mais estruturáveis do que outros. A estruturação não se aplica somente a "elementos" mas a estruturas também. Às vezes, a estrutura mais ampla e mais dominante num texto é chamada de *superestrutura,* ou simplesmente "a estrutura de" (um romance, um poema, etc.).

Even-Zohar formula uma lei geral de estruturação: Se para um par de elementos (a e b) em um texto X ou para um par de elementos (a dentro de um texto e B dentro do sistema) pode ser colocada em sua forma e/ou função a relação sistemática R e/ou a relação textual apropriada r, então (a e b), ou (a e B), são estruturáveis.

A estruturação ocorre com base em vários princípios, denominados *estruturadores,* que são classificados no artigo. O autor salienta que no texto literário, como em outro qualquer, há uma luta constante entre os vários estruturadores e que os textos podem ser diferenciados através de seus estruturadores dominantes.

Um segundo tipo de relação textual apropriada chama-se *concatenação.* Tal relação imposta a elementos pode levar um certo elemento b a aparecer após um certo elemento a, de modo que se poderia dizer que b é "o resultado de" a, ou que a "gera" b ou o "motiva". Trata-se de uma relação muito importante no texto literário. Por exemplo, quando ocorre a concatenação com base funcional, sendo o concatenador específico um concatenador já-feito de causalidade, o resultado é amiúde chamado de tragédia, romance (e drama) naturalista, ou romance psicológico (dependendo dos concatenadores concretos).

Um terceiro tipo são *relações de ordem* ou *relações matriciais,* baseadas nas posições dos elementos no texto. Even-Zohar discute, em combinação com esses conceitos, questões como sincretismo, coerência, a natureza policrônica do texto, o conceito de matriz e o problema das funções textuais.

Even-Zohar pretende que as funções textuais não podem ser plenamente descritas se não se ampliar a noção de "sistema" de modo que inclua o polissistema literário, formulado por ele em outro trabalho (14, 15, 16), fundamentado em algumas intuições dos formalistas russos. O conhecimento das normas literárias relativas em grande parte condiciona os processos de derivar informação de um texto. Analogamente, um certo texto pode usar vários outros textos, parcial ou plenamente. Sem uma decodificação desses outros textos, não é possível qualquer decodificação informacional e retórica completa de muitos textos literários. Assim, relações intertextuais são impostas a um texto e são portanto indispensáveis para qualquer modelo explicativo de relações intertextuais.

9. POÉTICA HISTÓRICA

A estrutura deste apanhado leva-nos a focalizar alguns campos principais como a teoria da prosa, poesia e estilística. A poética israelense, entretanto, não ficou restrita à análise sincrônica. Uma série de estudos, não mencionados acima, contribuíram para a teoria dos gêneros e para a poética histórica, bem como para a metodologia geral e para a teoria da interpretação. Na realidade, a maioria dos estudos aqui examinados está centrada no texto e discute várias áreas da Poética pertinentes ao texto analisado. Nossa classificação não deveria ocultar tal fato.

Assim, a despeito da influência do *New Criticism* sobre a interpretação da poesia em Israel, há forte consciência do valor da poética histórica. Dois fatores principais concorreram para o interesse em problemas da história literária: 1) a influência do Formalismo russo; 2) a longa e variegada história da literatura hebraica. O leitor de língua inglesa pode inteirar-se da natureza inusitada da história literária hebraica lendo o estudo de Hrushovski (49) sobre as formas poéticas hebraicas desde a Bíblia até o presente. A poética hebraica tem uma história das mais complexas devido às suas cambiantes interações com diferentes sistemas de linguagem e poesia: árabe, italiano, alemão, russo, ídiche, inglês e outros em diferentes períodos da história.

A poética histórica nos últimos anos foi representada por dois tipos de investigações: 1) estudos sincrônicos dos períodos específicos e gêneros pan-históricos e 2) estudos do próprio processo histórico, tais como a absorção e reação em face de influências estrangeiras e a dinâmica da evolução literária.

O interesse pela estrutura dos textos abriu a discussão dos escritos hebraicos do passado, que não eram considerados de grande importância do ponto de vista "modernista" ou "estético". Apesar do interesse predominante na moderna literatura, *Ha-Sifrut* publicou estudos sobre a poética da narrativa bíblica (2, 72, 75, 89), a composição do *Midrasch* (35), os gêneros da poesia litúrgica hebraica (21, 22, 62), a poesia hebraica medieval na Espanha (55, 56, 57, 58, 63, 66, 67, 69), a tradição da literatura homilética hebraica (11), a literatura hebraica da "Ilustração" (32, 82, 96) e a literatura ídiche (85, 86, 96, 97, 98).

Levin (55, 56, 57) e Pagis (66, 67, 68) contribuíram para o nosso entendimento dos usos específicos da retórica e gêneros árabes no hebraico medieval. (A influência da métrica arábica na prosódia hebraica foi investigada em pormenor por estudiosos da geração anterior.) Shmeruk (86) mostrou a influência crucial do conceito russo do poeta-como-profeta sobre a literatura hebraica e ídiche do começo do século XX.

Em vários estudos, Haephrati (30, 32, 34) pôs em relevo as diferenças cardeais entre a poesia descritiva hebraica do século XIX, escrita na veia da Ilustração Alemã, e os empregos modernos de descrição paisagística, fundamentalmente enformada pelas concepções metafóricas românticas. À luz disto, Haephrati descreve a transformação por Tchernikhovski do idílio do século XVIII na linguagem da poesia hebraica do século XX. Turnianski (96) indica a maneira como o livro exegético ídiche *Tzene-Rene,* a mais popular renarração da Bíblia, publicada em cerca de trezentas edições, foi adaptado à ideologia racionalista da Ilustração.

A teoria da história literária comparece com diversos artigos: a análise feita por Uri Margolin (61) das principais abordagens do problema da periodização; a discussão empreendida por Hrushovski (49) sobre "a natureza específica da história literária hebraica", especialmente quando o hebreu não era a língua falada dos poetas; a avaliação de Even-Zohar (14, 15, 17) a respeito da literatura hebraica pré-israelense funcionando dentro de um "falso polissistema" (com alguns subsistemas fornecidos por outras línguas) e sua ênfase no valor de gêneros não-canônicos (como a literatura traduzida e os livros populares para crianças) para a compreensão da literatura hebraica israelense.

10. TEORIA E METODOLOGIA

A florescente escola israelense de Poética desenvolveu nos últimos anos um conjunto de conceitos teóricos, primordialmente através de estudos de poética descritiva. A maioria dos trabalhos mencionados preocupam-se muito com problemas de teoria e metodologia gerais, sobretudo metodologia da interpretação. Mas pouquíssimos artigos foram consagrados à metodologia como tal. Investigações específicas sobre a natureza complexa dos fenômenos literários pareceram mais pertinentes do que a construção prematura de rígidas "gramáticas" e terminologias. Uma tendência para a formalização e construção de teorias sistemáticas encontra-se, ao que tudo indica, em desenvolvimento atualmente. É cedo para dizer se uma teoria e uma metalinguagem hão de se cristalizar ou se uma nova cisão entre poética de orientação lingüística e poética de orientação estética irá produzir-se.

REFERÊNCIAS *

1. ARPALI, Boaz. *O Homem nada mais é do que...* de S. Tchernikhovski: A Estrutura e a Interpretação de um Poema de Declaração. *Ha-Sifrut*, 2:355-373.
2. ——. Cuidado: Uma Estória Bíblica! Comentários sobre a Estória de Davi e Batseba e sobre o Problema da Narrativa Bíblica. *Ha-Sifrut*, 2:580-597.
3. BAHAT, Ya'akov. Da Linguagem das Fontes à Linguagem da Arte: Um Estudo sobre o Estilo de H. Hazaz. *Ha-Sifrut*, 2:538-564.
4. BAND, Arnold J. O Narrador Duvidoso em *Mikhael Sheli* e *Bidmi Yameha*. *Ha-Sifrut*, 3:30-34.
5. BEN-PORAT, Ziva. O Romance na Primeira Pessoa e suas Técnicas segundo Romberg. *Ha-Sifrut*, 1:153-160.
6. BENSHALOM, Benzion. *Miskalav shel H. N. Bialik* (Os Metros de H. N. Bialik). Tel Aviv, 1945.
7. ——. O Aparecimento da Rima Monossilábica na Poesia Hebraica: Sobre o Poema de H. N. Bialik "Ao Pôr-do-sol". *Ha-Sifrut*, 1:161-175.
8. BRINKER, Menachem. A Doutrina de *L'engagement* e a Evolução da Estética de Sartre: 1938-1964. *Ha-Sifrut*, 1:640-664.
9. CHATMAN, Seymour. Uma Crítica da Teoria da Personagem no Estruturalismo Francês. *Ha-Sifrut*, 3:534-545.
10. DAN, Joseph. O *Quarteto de Alexandria* de Lawrence Durrell. *Ha-Sifrut*, 3:447-462.
11. ——. Os Elementos Estéticos na Literatura Homilética Hebraica. *Ha-Sifrut*, 3:558-567.

* Todos os títulos hebraicos estão traduzidos.

12. EVEN-ZOHAR, Itamar. Uma Abordagem Semântica do Estudo de Literatura. *Ha-Sifrut*, 1:421-431.
13. ——. Tempo Correlativo Positivo e Correlativo Negativo em *O Pai e Uma Peça de Sonho* de Strindberg. *Ha-Sifrut*, 1:538-568.
14. ——. A Natureza e Funcionalização da Linguagem da Literatura submetida à Diglossia. *Ha-Sifrut*, 2:286-302.
15. ——. A Função do Polissistema Literário na História da Literatura. *Massa*, Tel Aviv, 25-2-1970.
16. ——. Esboço de uma Teoria do Texto Literário. *Ha-Sifrut*, 3:427-446.
17. ——. Literatura Escrita em uma Língua com um Polissistema Defectivo. *Ha-Sifrut*, 3:339-340.
17a. ——. Literatura Hebraica Israelense: Um Modelo Histórico. *Ha-Sifrut*, 4:427-440.
18. EWEN, Joseph. O Discurso Representado: Um Conceito da Teoria da Prosa e seus Usos na Ficção Hebraica. *Ha-Sifrut*, 3:140-152.
19. ——. A Teoria da Personagem na Ficção Narrativa. *Ha-Sifrut*, 3:1-29.
20. ——. O Diálogo nas Estórias de S. J. Agnon. *Ha-Sifrut*, 3:281-294.
21. FLEISCHER, Ezra. Padrões Estróficos Circundantes no Antigo *Piyut*. *Ha-Sifrut*, 2:194-240.
22. ——. Estudos sobre o Caráter Prosódico de Vários Componentes do *Qedushta*. *Ha-Sifrut*, 3:568-585.
23. FRUCHTMAN, Maya. As Influências das Antigas Fontes Hebraicas e a Literatura Hebraica Moderna sobre a Linguagem de *Os Mortos e os Vivos* de A. Megged. *Ha-Sifrut*, 1:723-725.
24. GILEAD, Amihud. Notas sobre a Suposição Básica da Interpretação Literária: *Ido e Enam* de S. J. Agnon. *Ha-Sifrut*, 3:488-496.
25. GOLDBERG, Leah. *Omanut Ha-sipur* (A arte do conto). Merchavia, 1963.
26. GOLOMB, Harai. O Discurso Combinado — Uma Técnica Importante na Prosa de S.J. Agnon: Seu Uso na Estória *Uma Face Diferente*. *Ha-Sifrut*, 1:251-262.

27. ——. Muitas Faces: Sobre as Inter-relações entre o conto de S. J. Agnon *Uma Face Diferente* e o seu Título. *Ha-Sifrut*, 1:717-718.

28. GOLOMB, Harai e PERRY, Menakhem. Dois Casos de Correlação entre Padrão Rítmico e Estrutura Temática em Poemas de Bialik. *Ha-Sifrut*, 2:83-84.

29. GOLOMB, Harai e TAMIR, Naomi. Uma Descrição e Interpretação do Poema de Alterman "Simha Lamoed". *Ha-Sifrut*, 2:109-139.

30. HAEPHRATI, Joseph. "Os Mortos do Deserto" de Bialik — Um Poema Descritivo. *Ha-Sifrut*, 1:101-129.

31. ——. Fichman e Steinberg: Dois Poemas, *Ha-Sifrut*, 1:632-639.

32. ——. Técnicas de Descrição de Paisagem na Poesia da Hascalá. *Ha-Sifrut*, 2:26-39.

33. ——. Estudo do Poema Único em '*kokhavim ba-huz*' através da Análise de *Shir al Dvar panekha*. *Ha-Sifrut*, 3:215-224.

34. ——. *Ha-Idilia shel Tchernikhovski* (O idílio de Tchernikhovski). Tel Aviv, 1972.

35. HEINEMANN, Joseph. A Arte da Composição em *Leviticus Rabba*. *Ha-Sifrut*, 2:808-834.

36. *Ha-Sifrut: Revista trimestral para o estudo da literatura.* (A partir do vol. 4, 1973, novo título inglês: *Ha-Sifrut/Literature: Theory of Literature - Poetics - Hebrew and Comparative*, em hebraico, com sumários em inglês.) ed. Benjamin Hrushovski. Universidade de Tel Aviv, vol. 1, n.º 1: 1968.

37. HRUSHOVSKI, Benjamin. "Linguagem Figurativa na Poesia Modernista: um Capítulo de Poética Hebraica Descritiva e Histórica". Jerusalém, Terceiro Congresso Mundial de Estudos Judaicos, 1957.

38. ——. "Linguagem Figurada e os Usos de Idiomatismos na Poesia (Y. Glatstein)". Nova York, Congresso Mundial para o Estudo do Ídiche, 1959.

39. ——. "Linguagem Figurada e o 'Mundo' do Poema (Rilke, Maiakovski)". Varsóvia, Congresso Internacional de Poética, 1960.

40. ——. "Sobre o Problema das Transições dos Elementos do Estilo para os Elementos da Composição na Obra de Mêndele Mokher Sfarim". Jerusalém, Quarto Congresso Mundial de Estudos Judaicos, 1965.

41. ——. "Sobre os Ritmos Livres na Poesia Ídiche Moderna". In: U. WEINREICH, org., *The Field of Yiddish*, Nova York, 1954, 219-266.

42. ——. "Sobre os Ritmos Livres na Poesia Moderna". In: SEBEOK, T. A. org., *Style in Language*, Cambridge, Mass., 1960.

43. ——. "A Criação de Iambos Rítmicos na Poesia Européia e seu Primeiro Emprego em uma Romança Ídiche na Itália (1508-09)." In: *For Max Weinreich*, Haia, 1964.

44. ——. "Princípios de uma Teoria Unificada do Texto Literário." Simpósio sobre a Estrutura Narrativa, Urbino, Itália, 1969; e Academia de Ciências de Israel, 1970.

45. ——. "O Texto Literário e o Processo de Integração Semântica," série de 3 conferências, Berkeley, Universidade da Califórnia, 1972.

46. ——. A Teoria e a Prática do Ritmo na Poesia Expressionista de U. Z. Grinberg. *Ha-Sifrut*, 1:176-205.

47. ——. Os Sons Têm Significado? O Problema da Expressividade dos Padrões de Som na Poesia. *Ha-Sifrut*, 1:410-420.

48. ——. Os Principais Sistemas da Rima Hebraica desde o *Piyut* até Hoje em Dia (500 D.C. - 1970): Ensaio sobre Conceitos Básicos. *Ha-Sifrut*, 2:721-749.

49. ——. "Prosódia, Hebraico" (Estudo da História das Formas Poéticas Hebraicas desde a Bíblia até Hoje). In: *Encyclopedia Judaica*, vol. 13: 1195-1240.

50. HRUSHOVSKI, Benjamin e EVEN-ZOHAR, Itamar. Pequeno Dicionário Hebraico-Inglês-Francês-Alemão-Russo de Termos de Semiótica, Semântica e Campos Afins. *Ha-Sifrut*, 3:412-426.

51. JASON, Heddy. Abordagem Multidimensional da Literatura Oral. *Current Anthropology*, 10 (1969) : 413-426.

52. ———. Abordagem do Formalismo Russo e de seus Seguidores Ocidentais à Literatura Oral: Estudo Histórico Crítico. *Ha-Sifrut*, 3:53-84.

53. KRITZ, Reuven. Sobre os Padrões Estruturais na Poesia de Rachel. *Ha-Sifrut*, 2:91-108.

54. KROOK, Dorothea. Elementos da Tragédia. *Ha-Sifrut*, 1:477-500.

55. LEVIN, Israel. A Poesia de Guerra de Shmuel Hanaguid: Sua Relação com a Poesia Heróica Árabe Antiga. *Ha-Sifrut*, 1:343-367.

56. ———. O Gênero da Apologia na Poesia Secular Hebraica na Espanha. *Ha-Sifrut*, 2:176-193.

57. ———. Estudo sobre a Influência da Poesia Secular Erótica na Poesia Religiosa Hebraica. *Ha-Sifrut*, 3:116-149.

58. MALACHI, Zvi. Figuras Ambíguas do Discurso como Unidades Transicionais entre Imagens Poéticas na Poesia Hebraica Secular da Espanha. *Ha-Sifrut*, 2:715-720.

59. MARGALITH, Avishai. A Metáfora dentro de um Quadro para uma Metalinguagem Semântica das Línguas Naturais. *Ha-Sifrut*, 3:35-52.

60. MARGOLIN, Uri. A Narrativa como um *Continuum* e como um Todo: Crítica de *Bauformen des Erzählens* de E. Lämmert. *Ha-Sifrut*, 1:293-306.

61. ———. O Problema da Periodização nos Estudos Literários. *Ha-Sifrut*, 2:5-13.

62. MIRSKY, Aaron. "As Origens das Formas do *Piyut*." In: *Yediot Ha-makhon Le-heker Ha-Shira Ha-Ivrit*, vol. 7 (1958): 1-129.

63. ———. O Significado da Rima na Poesia Espanhola (Hebraica). *Leschoneinu*, 33, (1969).

64. ———. "O Metro Silábico na Itália" In: *Sefer Hanoh Yalon*, 1963, 221-7.

65. MIRSKY, Nilly. Solzhenytsin e sua Obra. *Ha-Sifrut*, 3:196-214.

66. PAGIS, Dan. Tema, Estilo e Estrutura: Gêneros na Poesia Secular Hebraica na Espanha. *Ha-Sifrut*, 1:43-62.

67. ——. O Poema como uma Roupagem Ornamentada: A Textura Figurativa e Retórica da Poesia Secular Hebraica na Espanha. *Ha-Sifrut*, 2:140-175.

68. ——. Do Aschkenazi ao Sefaradi: Uma Crise Refletida em Hológrafo de David Vogel. *Ha-Sifrut*, 3:157-164.

69. ——. *Poesia Secular e Teoria Poética: Moisés Ibn-Ezra e seus Contemporâneos*. Jerusalém, 1970.

70. PERRY, Menakhem e HAEPHRATI, Joseph. Sobre Algumas Características da Arte da Poesia de Bialik. *Akhshav*, 17-18 (1966) : 43-77.

71. PERRY, Menakhem. A Analogia e seu Papel como Princípio Estrutural nos Romances de Mêndele Moykher-Sforim. *Ha-Sifrut*, 1:65-100.

72. PERRY, Menakhem e STERNBERG, Meir. O Rei Através de Olhos Irônicos: Os Artifícios do Narrador na Estória Bíblica de Davi e Batseba e Duas Dissertações sobre a Teoria do Texto Narrativo. *Ha-Sifrut*, 1:236-292.

73. PERRY, Menakhem. O Poema Invertido: Sobre um Princípio de Composição Semântica nos Poemas de Bialik. *Ha-Sifrut*, 1:607-631.

74. ——. Estruturas Temáticas na Poesia de Bialik: O Poema Invertido e Espécies Relacionadas. *Ha-Sifrut*, 2:40-82.

75. PERRY, Menakhem e STERNBERG, Meir. Cuidado: Um Texto Literário! Problemas na Poética e a Interpretação da Narrativa Bíblica. *Ha-Sifrut*, 2:608-663.

76. REINHARDT, Tanya. Três Abordagens à Linguagem Poética. *Ha-Sifrut*, 3:165-178.

77. SANDBANK, Shim'on. O Paradoxo em Kafka. *Ha-Sifrut*, 1:11-17.

78. ——. Linguagem e Lógica nos Aforismos de Kafka. *Ha-Sifrut*, 1:599-606.

79. SEBEOK, Thomas A., Semiótica: Um Estudo do Estado da Arte. *Ha-Sifrut*, 3:365-400.

80. SHAKED, Gershon. O Narrador como Escritor: A Função do Narrador em *Hóspede por uma Noite* de S. J. Agnon. *Ha-Sifrut*, 1:17-35.

81. ———. O Explícito e o Implícito no Conto: Interpretações e Algumas Observações sobre a Metodologia na Análise de Duas Estórias Não-realistas de S. J. Agnón. *Ha-Sifrut*, 3:255-280.

82. ———. (O Drama Histórico Hebraico no Século Vinte). Jerusalém, 1970.

83. SHAKHEVITCH, B., Do Símile ao Conto: Sobre "A Mosca" de K. Mansfield. *Ha-Sifrut*, 1:368-377.

84. ———. Sobre a Natureza da *Melitza*. *Ha-Sifrut*, 2:664-668.

85. SHMERUK, Khone. O Errante e a Estrutura da Peça *À Noite no Velho Mercado* de J. L. Peretz. *Ha-Sifrut*, 1:501-528.

86. ———. O Chamado ao Profeta: Shneur, Bialik, Peretz e Nadson. *Ha-Sifrut*, 2:241-244.

87. SHUNAMI, Gideon. As Personagens sob o Domínio de seu Narrador: A Questão do Ponto de Vista em *Morro dos Ventos Uivantes*. *Ha-Sifrut*, 3:474-487.

88. SHUR, Shim'on. O Neologismo como um Fator no Estilo Literário. *Ha-Sifrut*, 2:799-807.

89. SIMON, Uriel. Uma Abordagem Irônica a uma Estória Bíblica: Sobre a Interpretação da Estória de Davi e Batseba. *Ha-Sifrut*, 2:598-607.

90. STERNBERG, Meir. *A Retórica da Ficção* de Wayne C. Booth. *Ha-Sifrut*, 1:130-139.

91. ———. Os Princípios de Composição de *Luz de Agosto* de Faulkner e a Poética do Romance Moderno. *Ha-Sifrut*, 2:498-537.

92. ———. *Elementos da Tragédia* (de D. Krook) e o Conceito de Enredo na Tragédia: Sobre a Metodologia da Constituição de um todo Genérico. *Ha-Sifrut*, 4:23-69.

93. STRAUSS, Ludwig. *Bedarkey Ha-Sifrut* (Campos de Literatura). Jerusalém, 1959.

94. TAMIR, Naomi., I. A. Richards como Teórico de Literatura. *Ha-Sifrut*, 4.441-473.
95. TOURY, Gideon e MARGALITH, Avishai. Sobre os Usos Divergentes de Colocações. *Ha-Sifrut*, 4:99-129.
96. TURNIANSKY, Chava. Uma Interpretação de Cunho Ilustrado da *Cene-Rene*. *Ha-Sifrut*, 2:835-841.
97. WEINREICH, Beatrice Silverman. Problemas Fornais no Estudo de Provérbios Ídiches. *Ha-Sifrut*, 3:85-92.
98. WEINREICH, Uriel. Sobre a História Cultural da Rima Ídiche. *Ha-Sifrut*, 2:750-761.
99. WEXLER, Paul. Diglossia, Padronização da Linguagem e Purismo: Para uma Tipologia das Linguagens Literárias. *Ha-Sifrut*, 3:326-338.

Coleção ELOS

1. *Estrutura e Problemas da Obra Literária*, Anatol Rosenfeld.
2. *O Prazer do Texto*, Roland Barthes.
3. *Mistificações Literárias: "Os Protocolos dos Sábios de Sião"*, Anatol Rosenfeld.
4. *Poder, Sexo e Letras na República Velha*, Sergio Miceli.
5. *Do Grotesco e do Sublime*. (Tradução do "Prefácio" de Cromwell), Victor Hugo (Trad. e Notas de Célia Berrettini).
6. *Ruptura dos Gêneros na Literatura Latino-Americana*, Haroldo de Campos.
7. *Claude Lévi-Strauss ou o Novo Festim de Esopo*, Octavio Paz.
8. *Comércio e Relações Internacionais*, Celso Lafer.
9. *Guia Histórico da Literatura Hebraica*, J. Guinsburg.
10. *O Cenário no Avesso (Gide e Pirandello)*, Sábato Magaldi.
11. *O Pequeno Exército Paulista*, Dalmo de Abreu Dallari.
12. *Projeções: Rússia/Brasil/Itália*, Bóris Schnaiderman.
13. *Marcel Duchamp ou o Castelo da Pureza*, Octavio Paz.
14. *Os Mitos Amazônicos da Tartaruga*, Charles Frederik Hartt (Trad. e Notas de Luís da Câmara Cascudo).
15. *Galut*, Izack Baer.
16. *Lenin: Capitalismo de Estado e Burocracia*, Leôncio Martins Rodrigues e Ottaviano De Fiore.
17. *Círculo Lingüístico de Praga*.
18. *O Texto Estranho*, Lucrécia D'Aléssio Ferrara.
19. *O Desencantamento do Mundo*, Pierre Bourdieu.
20. *Teorias da Administração de Empresas*, Carlos Daniel Coradi.
21. *Duas Leituras Semióticas*, Eduardo Peñuela Cañizal.
22. *Em Busca das Linguagens Perdidas*, Anita Cevidalli Salmoni.
23. *A Linguagem de Beckett*, Célia Berrettini.
24. *Política, Jornalismo e Participação*, José Eduardo Faria.
25. *Idéia do Teatro*, José Ortega y Gasset.
26. *Oswald Canibal*, Benedito Nunes.
27. *Mário de Andrade/Borges*, Emir Rodríguez Monegal.
28. *Poética e Estruturalismo em Israel*, Ziva Ben-Porat e Benjamin Hrushovski.
29. *A Prosa Vanguardista na Literatura Brasileira, 1922/29*, Kenneth David Jackson.
30. *Estruturalismo: Russos x Franceses*, N. I. Balachov.

POLIGRÁFICA LTDA.
PBX 291-7811 - 291-1472